**현명한 부모는
피드백이 다르다**

현명한 부모는 피드백이 다르다

김태균 지음

텍스트CUBE

'성장하는 부모가
아이를 제대로 성장시킨다'

아이가 자라는 만큼 부모도 자라야 한다. 부모가 자란다는 건 어떤 의미일까? 아이의 성장은 눈으로도 보이고, 말과 행동을 통해서도 바로 느껴진다. 체격과 언행이 아이들의 성장 지표라면 부모의 성장 지표는 바로 피드백이다. 그렇다면 바람직한 피드백이란 무엇일까? 그 해답은 바로 '메타인지'에 있다.

중1, 더 현명한 부모가 되어야 할 시기

메타인지의 필요성을 느낀 계기는 아주 단순했다. 학부모 상담에서 알게 된 사실인데 대부분의 학부모는 메타인지를 학습법이나 공부법에만 제한적으로 적용한다. 메타인지를 단편적으로만 이해하다 보면 그저 유행하는 또 다른 공부 방법 하나를 추가하는 셈이다. 하지만 메타인지는 아이의 성적을 올릴 수 있는 방법임과 동시에 우리가 살면서 만나는 문제를 해결하는 데에도 탁월한 해결책이 된다. 경험하지 못한 새로운 위기 상황을 만났을 때, 메타인지를 활용한다면 당황하지 않고 자신만의 참신한 해결 방법을 찾을 수 있다.

이 책은 특별히 초등학교를 졸업하고 중학교에 입학하는 시기의 자녀를 둔 부모에게 집중한다. 중학교 입학은 아이와 부모, 모두에게 새로운 변화를 선물한다. 이 시기의 아이와 부모는 막연한 기대감과 불안감으로 어깨에 힘이 잔뜩 들어간다.

중학교에 입학하면 크게 두 가지가 변한다.

첫째, 과목당 수업 시간이 초등학교에 비해 늘어난다. 초등학교 때는 과목당 수업 시간이 40분이었다면 중학교는 45분으로 5분이 늘어난다. 고작 5분 늘어나면서 무슨 유난이냐고 할 수도 있지만 그 연령의 집중 사이클을 생각한다면 쉽게만 볼 부분은 아니다.

둘째, 배우는 교과목의 수가 늘어나고 과목마다 교사가 다르게 배정된다. 아이들은 무엇보다 학습 내용이 다양해지고 많아지는 것을 가장 힘들어한다. 이때 중요한 것은 달라진 교과목에 대한 특성 파악과 학습법 공략이다.

마지막으로 개인마다 약간의 차이는 있지만 아이들은 보통 이맘때 사춘기가 진행된다. 2차 성징이 일어나면서 호르몬의 변화 때문에 감정 기복이 심해지고 수시로 짜증을 낸다. 아이가 잘 성장하고 있다는 자연스러운 상황이지만 부모가 마주하는 현실적인 상황들은 때로 버겁게 느껴질 수도 있다.

사춘기라서 더 중요한 부모의 피드백
사춘기 자녀를 둔 부모는 아이에게 어떤 도움을 줄 수 있을까? 대부분 이 시기의 부모는 아이와 대화하기 어려워한다. 특히 마음의 거리는 주로 이때 멀어져 걷잡을 수 없어진다. 이때 메타인지는 부모가 아이의 현재 상황을 객관적으로 파악하게 하고 아이에게 줄 수 있는 도움을 생각하게 한다. 즉 아이의 현실적인 변화를 받아들인 부모만이 아이의 학교생활과 안정적인 학습을 비교적 쉽게 이어갈 수 있다.

나는 이 책에서 현명한 부모에게 필요한 세 가지를 소개한다. 바로 대화, 자기주도, 자존감이다. 이 세 가지로 메타인지의 의미를 확인하고 다양한 방법으로 메타인지를 삶에 적용하는 모습을 나누고 싶었다. 교육법, 학습법으로서의 메타인지만이 아닌 부모가 자신의 문제 해결을 위해 현명하게 메타인지를 활용하고, 아이가 그 모습을 보면서 자신의 북극성을 향해 성장하는 이상적인 모습을 꿈꾸며 이 책을 써내려갔다. 내가 조금 더 일찍 이런 내용을 알았더라면 '내 아이의 멋진 성장을 마음껏 도울 수 있었을 텐데'하는 후회도 있었다. 그래서 나처럼 후회하는 부모들이 줄어들기를 바라는 진심을 가득 담았다.

현명한 부모는 피드백이 다르다. 그것은 곧 아이가 스스로 생각하고, 행동하며 다른 사람에게 의존하지 않고 문제를 해결하는 능력이 된다. 이 책의 메시지가 부모와 아이의 더 나은 관계에 도움이 되길 응원한다.

1부

현명한
부모의 시작 ：

대화

1장

메타인지와
사춘기

아이가 방문을 닫는 순간,
부모의 마음도 덜컥 내려앉는다.
말로만 전해 듣던 사춘기가?
닫힌 방문을 열고 아이에게 무슨 말이라도 건네야 할지
아니면 아이가 혼자만의 시간을 가질 수 있게
그저 닫힌 방문을 바라보기만 해야 하는지,
부모 역시 혼란에 휩싸인다.

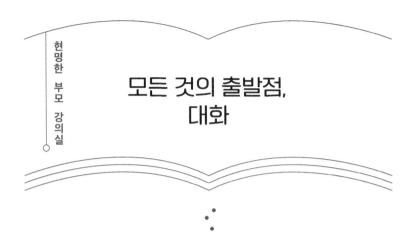

모든 것의 출발점, 대화

오랫동안 아이들을 가르쳐 오면서 고집하는 한 가지 원칙이 있다. 아이가 문제를 푸는 과정에서 틀린 부분이 보여도 바로 지적하지 않는 것이다. 대신 잘못된 부분을 아이 스스로 알아차리도록 힌트를 준다. 그러면 아이는 몰랐던 것을 새롭게 발견하거나, 알고 있었지만 실수로 틀린 부분을 스스로 구분할 수 있다. 문제를 풀고 채점하는 데 시간이 조금 더 걸릴지라도 아이는 문제를 풀 때마다 자신이 성장하고 있음을 알아차린다. 이때 교사는 아이가 문제점을 파악하는 데 그치지 않고 개선할 수 있게 도와주어야 한다. 즉 자신을 제대로 아는 능력인 메타인지를 길러주는 것이다.

메타인지는 아이와 성인 할 것 없이 누구나 경험할 수 있다. 한 예로 자격증 시험을 앞두고 있는 사람이 있다. 이 사람이 시험 전 마지막으로 부족한 부분을 한 번 더 살펴보고 시험장에 들어가는 것 또한 메타인지 경험이다. 내가 잘 하는 것과 못 하는 것을 구분할 줄 알고, 부족한 것에 대해 다시 한 번 짚고 넘어가는 것이 메타인지이기 때문이다.

사춘기는 인지 발달을 완성하는 매우 중요한 시기이다. 이제부터 우리는 메타인지를 바탕으로 나와 아이의 삶에 의미 있는 변화를 만들어갈 것이다. 중간 중간 메타인지에 대한 설명이 나올 때마다 놓치지 말고 집중해주셨으면 좋겠다.

부모, 사춘기와 마주하다

아이가 방문을 닫는 순간, 부모의 마음도 덜컥 내려앉는다. 말로만 전해 듣던 사춘기가? 닫힌 방문을 열고 아이에게 무슨 말이라도 건네야 할지 아니면 아이가 혼자만의 시간을 가질 수 있게 그저 닫힌 방문을 바라보기만 해야 하는지, 부모 역시 혼란에 휩싸인다.

방에서 안 나오는 아이들은 다들 그럴만한 이유가 있다. 하지만 일부 부모는 사춘기니까 으레 있을 법한 상황이라 여기고 아이를 가만히 내버려 두거나, 아이를 통제하기 위해 강하게 나간다. 그리고 우리 아이는 별 문제 없이 사춘기를 조용하게 보냈고, 착하게 성장하고 있다고 믿는다. 하지만 아이는 부모의 말에 자기 생각을 표현하지 못하고, 그저 잘 따르는 척 했을 확률이 높다. 이런 경우 부모의 일방적인 통제는 아이의 뒤늦은 돌출 행동으로 나타날 수 있다. 대학생이 된 아이가 '부모가 원하는 대로 대학에 들어왔으니 이제는 본인이 하고 싶은 것을 하면서 살겠다'는 모습을 보이며 '제 2의 _{진짜} 사춘기'를 맞는 경우가 바로 그것이다.

사춘기 아이 중에는 일부러 공부하지 않는 아이도 있다. 아이에게는 제 나름의 이유가 있는데 바로 부모를 향한 일종의 소심한 복수다. 아이는 자신의 행동으로 부모가 속상해 하는 모습을 보며 자신의 존재감을 확인한다. 그리고 부모와의 관계에서 주도권을 가지려 한다. 그래서 부모가 원하는 공부보다 부모가 원하지 않는 컴퓨터 게임에 집중한다. 부모와 말을 섞으려 하지 않는 모습, 무엇을 하자고 하면 무조건 안한다고 반대만 하는 모습도 전부 주도권 싸움일 수 있다.

문제의 핵심은 아이가 어떻게 하느냐 보다 부모가 어떻게 하느냐에 있다. 아이는 한창 성장하는 중이고, 몸과 마음이 하루가 다르게 변화하는 중이다. 하지만 부모 입장에서는 당황스럽다. '어제까지 괜찮던 아이가 갑자기 왜 저러지?' 하는 것이다. 자, 우리는 이제 받아들여야 한다. 아이는 변화하고 있다. 그러므로 부모로서 우리도 달라져야 한다.

어떤 부모가 되고 싶으세요?

20년째 수학 과외를 하면서 수많은 아이들을 만났다. 해를 거듭할 수록 한 가지 재미있는 사실을 발견했다. 한창 과외 수업을 하던 아이가 갑자기 '저, 이제 과외 그만 할래요'라고 했을 때, 나타나는 학부모의 반응은 다양하다. 반응을 세 가지로 정리해보면 권위형, 책임전가형 그리고 대화주도형으로 나뉜다.

> 1) 권위형 부모 : "과외를 시켜달라고 할 때는 언제고 이제 와서 그만하겠다고? 학기 시작이 다음 주야. 지금 뭐라도 하나 더 해도 모자란데, 잔말 말고 숙제나 해!"

> 2) 책임전가형 부모 : "과외비도 비싼데 그럼 그만 하든지! 니가 먼저 그만한다고 한 거다? 나중에 딴소리하기 없어!"

> 3) 대화주도형 부모 : "과외를 그만두고 싶다고 생각한 이유가 뭘까? 곧 2학기 시작인데, 어떻게 하는 게 좋을까?"

첫 번째 권위형 부모는 아이의 선택에 관심이 없는 유형이다. 처음부터 부모의 선택만이 중요하다. 아이에게 학습이 필요하다고 판단한 즉시 학원이나 과외를 등록하고 아이는 부모의 뜻에 따를 수밖에 없다. 마치 연예인과 매니저 같은 관계가 되어 부모가 아이의 하루 스케줄을 정하고 아이는 그에 따라 움직일 뿐이다.

두 번째 책임전가형 부모는 아이 스스로 선택하게 하는 것 같아 보이지만 실상은 아이에게 책임을 떠넘긴다. 결과가 좋으면 상관없지만, 결과가 나쁘면 그 책임을 아이의 선택에 묻는다. 아이가 어떤 것을 새롭게 시작하거나 선택해야 할 때, 응원과 기대감 대신 '선택에 대한 결과는 너의 책임이야'라는 무언의 메시지를 준다. 가장 흔한 부모 유형이며 동시에 가장 위험한 유형이다.

마지막으로 대화주도형 부모는 무엇보다도 아이의 생각을 존중한다. 부모는 아이와 진솔한 대화를 나누면서 의견을 공유한다. 대화에 익숙해진 아이는 사회에 나가서도 자신의 생각을 솔직하고 분명하게 잘 전달할 수 있다.

세 가지 유형 중 현명한 부모는 누구일까? 그리고 당신이라면 어떤 선택을 하고 싶은가?

변화를 이끄는
대화의 필수 요소

의미 있는 대화 몇 마디면 아이의 마음을 읽을 수 있다. 몇 번 말을 주고받다보면 아이가 지금 어떤 상황에 있는지, 아이는 왜 그런 생각을 하게 되었는지 금방 알 수 있다이것은 일반적인 대화가 아니라 실은 전문 교사로서 시행한 코칭 대화이다. 이때 질문은 아이의 생각을 들여다볼 수 있는 가장 좋은 시작점이다.

도로시 리즈Dorothy Leeds의 《질문의 7가지 힘》이라는 책이 있다. 이 책은 질문의 힘 일곱 가지를 알려준다.

첫 번째 힘─질문을 하면 답이 나온다.
두 번째 힘─질문은 생각을 자극한다.
세 번째 힘─질문을 하면 정보를 얻는다.
네 번째 힘─질문을 하면 통제가 된다.
다섯 번째 힘─질문은 마음을 열게 한다.
여섯 번째 힘─질문은 귀를 기울이게 한다.
일곱 번째 힘─질문에 답하면 스스로 설득이 된다.

질문은 실제로 대화를 변화시킬 수 있다. 가장 쉬운 방법은 답이 정해져 있는 질문은 피하는 것이다. '숙제는 했니?'라는 질문에 아이는 '예'나 '아니오'라고 답할 수밖에 없다. 하지만 '오늘 해야 할 숙제는 무엇이니?', '숙제는 얼마나 했니?' 같은 질문은 비교적 나올 대답이 다양하다. 열린 질문은 아이의 대답을 구체적으로 끌어낸다. 아이는 질문에 답하기 위해 자신이 한 일을 생각하고 얼마나 성과가 있었는지를 돌아본다. 열린 질문으로 시작되는 대화는 아이에게 부모의 관심이 구체적으로 바뀌고 있다고 느끼는 계기가 된다.

존중으로 이끄는 대화

'선생님, 저는 아이의 의견을 존중해요'라고 말하는 학부모님은 많다. 하지만 대부분은 진짜 존중과 가짜 존중의 중간 어딘가에 있다. 본격적으로 아이와의 대화를 연습하기 전에 강조하고 싶은 부분이 있다. 바로 존중이다. 존중에서 시작하지 않은 관계는 단단해지기도 어렵고, 오래가기도 힘들다.

아이가 하고 싶은 것을 하게 두는 것은 존중이 아니다. 책임전가형 부모처럼 모든 것을 아이가 하고 싶은 대로 하게 놔두면 아이는 자기도 모르게 부모의 무한 OK에 익숙해진다. 아이가 부모의 보살핌이 필요하지 않은 나이, 즉 중·고등학생이 되면 부모와 당연하게 멀어질 것이다. 왜? 아무것도 공유하고 합의한 게 없기 때문이다. 즉 서로 함께 나누는 사이가 아니였기 때문이다. 이처럼 존중이 없는 관계는 부모 자식 사이가 소원해지는 본질적인 이유가 된다.

부모가 아이를 존중하면, 아이도 부모를 존중한다. 서로의 마음을 열고 솔직하게 대화하기 위해 다음의 네 가지 요소를 소개한다. 경청, 공감, 인정과 칭찬, 진정한 사과이다. 열린 질문을 통해서 아이와 대화의 물꼬를 틀 수 있다면 아래의 요소를 활용해 대화의 깊이를 더해보자.

경청 : 경청의 의미와 메라비언의 법칙

부모의 가장 큰 실수는 아이의 말을 듣지 않는 것이다. 오늘은 꼭 대화를 이어나가야 한다는 부담감에 이렇게도 말을 걸어보고, 저렇게도 걸어보는 애타는 부모의 마음을 이해하지 못하는 것은 아니다. 다만, 대화는 입으로만 하는 것이 아니라는 점을 짚고 가고 싶다.

"어차피 저희 엄마는 제 말 듣지도 않아요."

아이는 '어차피 안 들어줄 이야기'라 말하지 않았다고 한다. 부모도 "엄마가 말할 때는 뭐하다가?"라며 아이를 나무란다. 경청의 의미를 잘 이해하지 못한 결과다. 경청傾聽은 '귀를 기울여 듣는다'는 뜻이다. 청聽 자가 생긴 모양을 보면 귀耳를 열고, 눈目을 보면서, 상대방 한一 사람에게, 마음心을 다해 들으며, 말하는 사람을 임금王처럼 대접한다는 의미를 담고 있다.

미국의 심리학자 앨버트 메라비언Albert Mehrabian은 저서《침묵의 메시지》에서 대화의 내용보다 시각·청각적 요소가 상대에게 더 큰 영향을 준다는 메라비언의 법칙The Law of Mehrabian을 언급했다. 의사소통을 할 때 상대방에게 말의 내용이 7%, 청각적 요소인 목소리, 억양, 말의 속도, 말투 등이 38%, 시각적 요소인 표정, 몸짓, 복장, 분위기 등이 55%가 전달된다. 즉, 말의 내용보다 상대의 행동이나 말투에 집중하는 것이 대화를 효과적으로 이어나갈 수 있다.

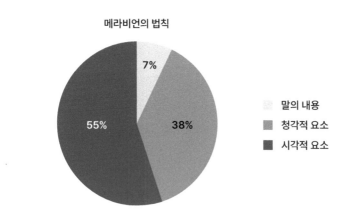

메라비언의 법칙은 당연히 아이와의 대화에도 적용된다. 다음과 같은 대화 상황이 있다고 가정해보자.

부모 (아이를 흘겨보며) 이제 학원 갈 시간인데 숙제 다 했어?

아이 (부모와 눈을 마주치지 않으며) 네, 했어요.

부모 (아이의 손동작 표정, 몸짓, 발걸음 등을 관찰하며) 눈을 보고 얘기해야지. 잠깐 이리와 봐.

아이 (학원 가방을 챙겨 나오며 부모 옆에 앉으며) 왜요?

부모 (눈동자를 마주하며) 대답은 했지만 학원에 갈 준비가 잘 안된 것 같은데, 무슨 일이 있었니?

아이 (다른 곳을 쳐다보며) 사실 수행평가 때문에 바빠서 숙제를 다는 못하고 반만 했어요.

부모 (속은 상하지만 아이의 목소리에서 불안함을 느끼고는 응원하는 마음으로) 이번 주 수행평가 때문에 정신이 없었겠구나. 우선은 학원 가서 차분하게 수업 잘 듣고 와. 알겠지?

이 짧은 대화 속에는 부모가 파악할 수 있는 아이의 비언어적 요소가 무수히 많다. 부모는 아이의 행동을 관찰하면서 시각적 요소손동작이나 표정, 몸짓, 발걸음 등와 청각적 요소불안한 목소리를 느끼는 등를 알아차렸고, 그 정보를 바탕으로 대화를 이어갔다. 실제 대화에서는 비언어적인 부분을 통해 드러나지 않은 부분까지도 충분히 알아차릴 수 있을 것이다.

아이는 불안한 마음을 알아채고 응원해주는 부모에게 고마움과 신뢰를 느낀다. 그리고 부모는 아이의 표정과 목소리에서 아이의 진심을 읽어낸다. 짧은 대화로 부모와 아이의 마음의 거리가 한층 가까워진다. 어떤 이는 상대의 마음을 한 번에 사로잡을 수 있는 특별한 말이 아닌 고작 경청이라 생각할 수 있겠지만, 경청은 대화를 시작할 수 있는 가장 쉬운 방법이자 확실한 시도이다.

 경청 일기

상대를 존중하는 첫 번째 시도, 경청을 위한 경청 일기를 써보자.

경청 일기 Tip
- 날짜보다는 요일을 적는다. 매일 한다는 심리적 압박에서 벗어날 수 있다.
- 대화 상대는 누구여도 좋다. (가족, 지인, 처음 만난 사람 등)
- 경청 일기에는 가급적 많은 내용을 적는다.
  내용을 거르다 보면 듣고 싶은 내용만 기억할 수 있기 때문이다.
- 상대의 표정과 몸짓, 어투와 억양 등 비언어적 요소에 집중한다.

경청 일기

- 요일
- 대화자
- 대화 내용 요약

• 경청 포인트
 - 언어적 요소
   :

 - 비언어적 요소
   :

• 느낀 점

공감 : 하트를 누르는 것만큼 쉬운 일

SNS를 사용하는 요즘 사람들에게 공감은 매우 친숙한 단어가 되었다. 누군가 업로드한 게시물에 하트 버튼을 누르는 것은 공감의 의미가 있다. 마치 SNS의 하트 버튼을 누르는 것처럼 일상 대화에서도 상대방에게 공감을 표현한다면 대화의 깊이와 넓이가 확장되지 않을까?

중국의 유명한 철학자인 장자는 '진정한 공감이란 자신의 존재 전체로 듣는 것'이라고 했다. 상대방에게 내가 충분히 공감 받고 있다고 느끼게 되면 자연스럽게 마음의 긴장이 풀리면서 어느덧 내 마음속에 있는 이야기를 하나씩 꺼내게 된다. 아이와 나누는 대화도 역시 마찬가지다. 아이가 친구와 있었던 일을 부모에게 나눌 때, 아이의 상황에 공감하며 들어보자. 부모가 마치 경험한 것처럼 공감하면, 아이는 부모에게 신뢰를 느낄 수 있다. 공감은 같은 감정을 공유하며 서로를 이해할 수 있는 기회다. 아이를 앉혀 두고 '학교에서 무슨 일이 있었니?', '요즘 친구와는 어떻게 지내니?' 같은 형식적인 대화를 시도하는 것보다 훨씬 더 효과적인 대화 방법이 될 것이다. 이때 아이의 모든 이야기에 과도하게 공감할 필요는 없다. 상황에 맞게 아이의 잘잘못을 가려주는 것 또한 부모의 역할이고 일명 '영혼이 없는' 리액션은 없으니만 못하다. 공감하기에서 가장 피해야 할 공감은 '선택적 공감'으로, 대화의 맥락을 이해하지 못하고 일부분만을 선택해 들으며 듣는 이의 입장에서 맘대로 해석하는 공감이다. 선택적 공감은 '영혼 있는' 공감을 방해한다. 《비폭력 대화》의 저자 마셜 B. 로젠버그Marshall B. Rosenburg는 '머리로 하는 이해는 공감을 방해한다'고 말했다.

반대로 아이에게 부모와 같은 감정을 느껴보게 하는 방법도 있다. 이때 주의해야 할 점은 부모의 이야기가 하소연이나 신세 한탄으로 이어지면 안 된다. 아이에게 어떤 이야기를 나눌지 생각하는 과정이 부모 자신의 감정을 돌아보는 계기가 되기도 한다. 감정에 솔직한 부모는 권위적인 모습에서 벗어나 아이와 같은 감정을 느끼는 존재로서 아이에게 다가갈 수 있고, 아이는 부모에게 동질감을 느끼며 속 깊은 이야기를 꺼내놓을 지도 모른다. 공감은 SNS 게시물에 '하트'를 누르는 것처럼 간단하지만 큰 힘을 가진 응원이다.

 공감 일기

오늘 하루, 공감하기 위해 노력한 순간을 떠올려보자.

공감 일기 Tip
- 가능하면 영혼 있는 공감을 하도록 한다.
- 공감할 때는 온전히 상대에 집중한다.
- 듣고 싶은 부분만 선택하여 공감하지 않는다.
- 상황에 따라서 침묵도 공감이 될 수 있다.

공감 일기
• 요일 • 대화자

- 대화 내용 요약

- 공감 포인트

- 느낀 점

인정과 칭찬 : 결과보다 중요한 과정

"우리 애요? 칭찬할 게 있어야 칭찬을 하죠."

상담을 시작하자마자 학부모님에게서 아이에 대한 불만이 쏟아져 나온다. 오죽하면 이렇게 말씀을 하실까 싶기도 하다. 하지만 아이는 우리가 알다시피 칭찬받을만한 일을 해야만 칭찬하는 존재가 아니다. 우리 아이는 이미 인정과 칭찬을 받기에 충분한 존재지만 그 사실이 일상 속에서 쉽게 잊혀질 때가 많다.

만약 아이를 '칭찬할만한' 기준이 있다면 무엇일까? 눈에 보이는 결과나 이루어 놓은 성과일까? 그것에만 집중하는 부모라면 아이를 향한 시선을 점검해 볼 필요가 있다.

'나는 지금 아이와 감정적 대립에 있는 것은 아닌가?'
'내가 시키는 대로 아이가 하지 않아서 화가 난 것은 아닐까?'
'나는 지금 아이의 생각이나 상황을 얼마만큼 이해하고 있는가?'
'나는 지금 아이에게 내 생각을 강요하고 있지는 않은가?'

위와 같은 자문自問은 부모와 아이의 관계에서 메타인지를 활용하게 하는 출발점이다. 시험을 마친 아이가 성적표를 들고 왔을 때 부모의 반응은 두 가지로 나뉠 수 있다.

(i)

부모   이번에도 70점이 안 되는구나. 게임만 하더니 내가 그럴 줄 알았어. 으이그.

(ii)

부모   이번에는 지난 시험보다 6점이 올랐네? 잘했구나.

아이   네. 대단원 문제까지는 못했어도 단원평가랑 학습지 문제는 봤어요.

부모   나름대로 계획 있게 시험을 준비했네. 다음 시험은 어떻게 준비하는 것이 좋을까? 네 생각은 어떠니?

아이   다음에는 대단원 문제까지 확인해보려고요. 학습지 못 푼 것도 풀어 볼 거예요.

부모   그래. 조금씩 노력해서 점수를 올리는 방법도 좋지. 꾸준히 하면 좋은 결과가 있을 거야. 중간에 포기하지 말고 끝까지 꾸준히 하는 모습을 기대할게.

아이는 수학 성적표를 가져왔다. (i)의 부모는 절대적 기준인 70점에만 초점을 맞추었고 시험 결과의 원인을 아이에게서 찾기 급하다. 반면 (ii)의 부모는 지난 시험 성적보다 향상된 부분을 인정하고 바로 칭찬했다. 그리고 다음 시험 이야기를 나눌 때 지시하는 말투로 대화하지 않고 아이의 학습 속도를 존중해주었다. 이처럼 아이와의 대화는 같은 시작으로도 다른 결과를 만들 수 있다. 아이의 가능성을 믿고 인정과 칭찬을 건네보자.

　물론 인정과 칭찬이 처음부터 쉽지는 않다. 성인의 상담을 진행할 때에도 인정과 칭찬은 찾아보기 어렵다. 대부분 "칭찬할 만한 일을 했어야 칭찬하죠", "아내로서 혹은 남편으로서 당연히 하는 일 아닌가요?", "이게 칭찬받을 일인가요?", "다른 집도 다들 그렇게 하고 살아요"라며 자신의 불편함을 쏟아내기에 여념이 없다. 이때 나는 "어떤 경우도 당연한 것은 없습니다"라는 한마디로 상담을 이어간다. 그렇다. 서로를 향한 수고와 노력에는 당연한 것이 없다. 결과가 만족스럽지 않다고 해서 나를 위한 노력과 수고가 무가치해지는 것은 아니기 때문이다. 앞선 감정에 사실을 놓치는 실수를 반복하지 말자. 중요한 것은 상대가 나를 위해 노력과 수고를 했다는 것이다. 수고와 노력을 인정과 칭찬으로 상승시킨다면 그것이 바로 변화의 시작이다.

　아이를 향한 인정과 칭찬은 아이의 자아 형성에 큰 의미가 있다. 결과적으로는 아이는 자신의 강점을 활용하는 사람으로 자란다. 자신의 단점이나 열등감 때문에 숨거나 움츠러들기보다 당당하게 자신을 드러내는 모습으로 말이다.

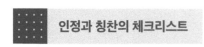

인정과 칭찬의 체크리스트

기간을 정해 상대방의 노력을 인정하고 칭찬해보는 표를 만들어보자.

분류	내용	평가
생활 영역	(예) 청소, 설거지, 쓰레기 버리기 등의 서로 약속된 부분의 이행 정도	
관계 영역	(예) 부부, 부모, 자녀, 형제, 자매 등의 관계를 위해 잘 한 부분	

분류	내용	평가
	(예) 말의 표현에 있어 어제보다 좋아진 부분	
언어 영역		
	(예) 스스로 평가할 때 어제보다 나아진 부분	
메타 인지 영역		

진정한 사과 : 아이에게도 변명하지 않기

부모는 아이에게 사과하는 것을 어려워한다. 하지만 진정성 있게 사과하는 부모의 모습은 반드시 필요하다. 아이가 어리다는 이유로 사과를 소홀히 여기는 습관은 부모와 아이의 관계를 점점 더 어렵게 만든다. 부모도 실수할 수 있는 존재이다. 진솔한 모습으로 아이에게 다가간다면 아이와 부모는 더욱 굳은 신뢰 관계로 나아갈 수 있다. 물론 한 번에 쉽게 되지는 않는다. 신뢰는 한두 번의 사과만으로 생겨날 수 없다. 실제로 수업 중 만난 고등학교 2학년 아이는 아버지와 솔직하게 대화하기를 원했지만 바라는 것처럼 원만히 해결되지 못했다.

교사 아버지와 이야기는 잘했니?

아이 별 이야기는 못 했어요. 짜장면하고 탕수육만 먹었어요.

교사 그래도 대화할 기회가 있었네?

아이 솔직히 저는 기분이 별로였어요. 저는 아빠가 저에게 상처준 일에 대해 말하고 싶었는데 아빠는 그런 얘기는 안 하시고 음식 이야기만 하시다가 다 먹어갈 즈음에 '미안했다'고 한 마디만 하셨어요.

교사 아버지께서 너에게 미안하다고 말하기가 어려우셨나보다.

아이 그런 느낌인 건 저도 알겠는데 다른 얘기만 계속 하시고, 분위기만 더 이상해졌어요. 머리는 이해하고 싶은데 마음은 불편하고 화가 가라앉지 않아요.

교사	너는 어떻게 하고 싶은데?
아이	더는 아빠랑 대화하기 어려울 것 같아요.
교사	말하기 어려우면 문자나 편지를 남겨보는 것은 어떠니?
아이	편지는 좀 그렇고 문자는 한 번 생각해 볼게요.
교사	그래, 잘 생각했어. 그렇게라도 너의 마음을 표현하면 아버지께서 답을 주실 거야.

'진정한 사과'에서 중요한 첫 번째는 사과하는 사람의 입장과 사과를 받는 사람의 입장이 서로 다르다는 것이다. 부모는 민망함에 얼른 사과하고 말았으면 하지만 아이는 상처받은 마음을 회복할 시간이 더 필요하다. 위 학생의 아버님처럼 부모인 내가 사과를 했으니 너는 자식으로서 이제 내 사과를 받아들이라는 식의 사과는 관계를 오히려 더 악화시킨다. 아이의 마음을 알아주는 것이 사과보다 중요하다.

두 번째는 사과가 변명이 되어서는 안 된다. 위 학생의 경우 아버님께서 '이런 점이 미안했다'라는 말 한 마디가 어려우셨는지 다른 말만 늘어놓다 이도저도 아닌 채 대화가 끝났다고 한다. 흔히 하는 실수 중 하나다. 또, '엄마가 너에게 ~한 것은 미안하게 생각해. 그런데 너는 이렇게 했고 저렇게 했잖아' 같이 의미를 변질시키는 사과는 아이에게 또 다른 상처가 될 뿐이다. 감정을 뒤로하고 사실만을 가지고 개선할 부분을 언급하는 것이 지혜로운 사과다.

마지막으로 중요한 것은 재발 방지이다. 누구나 실수를 하고 살지만 한 번 저지른 실수를 다시 반복하고 싶은 사람은 없다. 부모도, 아이도 마찬가지다. 그럼에도 불구하고 실수가 반복되면 서로를 향한 신뢰는 바닥에 떨어질 것이고 아이와의 관계를 회복하는 데에는 엄청난 시간이 걸릴 수 있다. 그러므로 사과하고 난 다음에는 재발 방지를 위해 스스로 다짐하는 시간이 꼭 필요하다.

부모로서 아이에게 사과하는 것은 결코 쉽지 않다. 하지만 이것 또한 아이를 향한 존중이 밑바탕이 된다면 그리 어려운 일도 아니다. 부모가 항상 아이에게 슈퍼맨일 필요는 없다. 엄마, 아빠도 언제나 실수할 수 있는 사람이지만 사랑하는 너를 위해 최선을 다하고 있다는 마음이 전해지면 된다.

 **사과하기**

아이에게 사과하지 못하고 지나쳤던 순간이 있는가? 만약 시간을 돌릴 수 있다면 어떻게 말해주고 싶은지 나누어보자.

사과하기 Tip
① 가장 먼저 나의 잘못을 인정하자. 입장 차이는 설명할 필요 없다.
② 상대방의 마음이 누그러질 때까지 기다리자.
   사과보다 더 중요한 것은 상대의 마음을 알아주는 것이다.
③ 약속을 통해 실수를 반복하지 않기로 다짐하며 신뢰를 쌓아가자.
   (각서를 쓰는 등의 액션은 오히려 역효과가 있다.)

2장

스스로
확인하는 법

목표를 향해 달려가는 것은 곧 집중력 싸움이다.

목표 앞에서 쓰러지는 아이는

결국 집중력이 부족했기 때문이다.

자꾸만 미루고
안 하는 아이

이제 막 중학생이 된 친구들은 어리지만 호기심이 많다. 그래서 이것저것 많이 시도해보고 왕성하게 움직이기 마련이다. 그런데 이런 특성 때문에 한 가지 목표를 세우고 꾸준히 해나가는 것은 힘들어한다. 그렇다고 포기해서는 안된다. 실천할 수 있는 목표를 세우고, 목표를 달성해가는 습관을 길러줘야 할 때다.

아이가 세운 계획표는 꽤 그럴 듯 해 보여도 실패하는 경우가 많다. 왜냐하면 바로 실천하지 않기 때문이다. 바로 실천하지 않는 이유는 실행하기 어려운 계획을 세웠기 때문일 확률이 높다. 많은 아이가 목표는 대단한 것이어야 한다고 생각한다. 실제로 아이에게 목표를 정해보라고 했을 때 아이는 자신의 의견과 상관없이 선생님이나 부모님이 인정해줄만한 목표를 적는다. 그런 목표는 대부분 실제 자신의 상황을 반영하지 않았기 때문에 이루기 어렵다. 목표를 세워놓고 결과를 만들어내지 못할 때의 상실감은 아이에게 독이 될 뿐이다.

목표를 어떻게 바라보는가?

목표를 계획하는 데에 가장 중요한 것은 현재 나의 역량을 아는 것이다. 현재 나의 상황을 정확히 알지 못한다면 알맞은 목표를 세울 수 없다. 학교 운동장 두 바퀴를 돌면 더 이상 뛸 수 없는 체력인 사람이 여덟 바퀴를 돌겠다는 목표를 세우면 그 계획은 실패할 것이다. 하지만 운동장 두 바퀴는 거뜬히 돌 수 있을 것이다. 그리고 그는 목표를 세 바퀴, 네 바퀴로 차차 늘려가며 더 높은 성과를 낼 수 있다.

자신의 현재 역량을 잘 파악하지 못하면 목표에 도전했다가 실패하는 경우가 많다. 나의 역량을 파악할 때 중요하게 생각해야 하는 것은 목표를 바라보는 자신의 조절 능력이다. 미국의 저명한 정신과 의사였던 모건 스콧 펙Morgan Scott Peck은 저서 《아직도 가야할 길》에서 '즐거움을 나중으로 미룰 수 있는가?'라는 질문을 건넨다. 케이크를 먹을 때 맛있는 크림 부분을 먼저 먹는다거나, 해야 하는 수많은 업무 중 좋아하는 일을 먼저 하는 것처럼 우리는 무의식중에 즐거움을 먼저 누리려 한다. 쉽게 말해서 자기조절력은 지금 해야 할 일을 위해 달콤한 즐거움의 유혹을 뒤로 미룰 수 있는 능력을 의미한다.

자기조절력 기르기 (1) 나와의 대화

자기 조절에 서툰 아이는 유혹에 쉽게 빠진다. 아이들은 계획표를 따라 열심히 공부하려고 마음먹었지만 컴퓨터 게임이나 휴대폰의 유혹에서 벗어나기 쉽지 않다며 조언을 구하곤 한다.

식사를 마치고 설거지를 해야 하는 어느 날이었다. 자리에서 일어나다가 본 텔레비전에서는 내가 예전부터 보고 싶었던 영화가 막 시작되고 있었다. 시선은 TV에 잠시 머물렀지만 머릿속에서는 끊임없이 고민이 이어졌다.

'설거지를 먼저 할까? 영화를 보고 설거지를 할까?'

내 자신에게 물었다. 나의 대답은 '영화는 설거지를 하면서도 조금씩 볼 수 있고 빨리 설거지를 마치고 나면 편하게 자리 잡고 볼 수 있다!'였다. 그리고 나는 바로 설거지하기로 결정했다. 나 자신과의 솔직한 대화를 통해 나는 더 나은 방법을 선택해 설거지를 잘 마무리할 수 있었다.

나의 경험을 살려 고민에 빠진 아이에게 '나와의 대화'를 제안했다.

'할 일을 마친 후에 하는 게임이 즐거울까? 해야 할 일을 미루고 하는 게임이 즐거울까?'

아이는 할 일을 미루고 게임을 하면 마음 한켠에 부담이 있다는 것을 스스로 알고 있다. 마음이 불편한 채로 게임을 하기보다는 해야 할 공부를 먼저 마무리 하는 것이 정답이라는 것을 모르는 아이는 없다. 단, 자기조절력이 부족한 아이만 있을 뿐이다. 자기조절력은 성인에게도 반드시 필요한 능력이지만 갖기에는 쉽지 않다. 이때 나와의 대화는 바로 행동하지 않고 잠시 생각하는 시간을 준다.

자기조절력 기르기 (2) WANT와 LIKE 구분하기

중학생 서일이는 학교가 끝나고 집에 도착하면 제일 먼저 컴퓨터를 켠다. 그리고는 부모님이 퇴근하시는 늦은 저녁까지 저녁 식사도 잊은 채 게임만 한다. 보다 못한 어머님께서 어떻게 하면 좋을지 나에게 도움을 요청하셨다.

첫만남에서 나는 아이에게 왜 게임에 그렇게 집중하는지 솔직한 이유를 물었다. 아이는 친구들과 자유롭게 대화하면서 하는 게임이 부모님의 간섭에서 벗어나는 유일한 시간이라고 말했다. 대화를 마쳐갈 때쯤 아이는 그날 봤던 표정 중 가장 기쁜 표정으로 말했다.

"그리고 애들 중에서 제가 제일 랭킹이 높거든요."

랭킹. 서일이의 대답에 힌트가 숨어있었다! 아이는 친구들과의 경쟁을 즐기고 있었다. 그 수단이 게임일 뿐이었다. 그 다음 시간부터 아이의 관심을 다른 것으로 돌리는 학습 코칭을 진행했다. 게임을 제외한 취미를 찾기 위해 아이와 끊임없이 대화했다. 그리고 아이가 최근 운동에 흥미를 가진 것을 알았다. 게임의 자리를 대체한 것은 운동이었다. 사실 게임의 중독성에 대해 익히 알고 있던 터라 '정말 될까' 하는 의구심도 있었지만 결과는 긍정적이었다. 친구들과 게임하던 시간이 헬스장 형들과 함께 운동하는 시간으로 바뀌면서 컴퓨터 게임에 대한 아이의 흥미는 자연스럽게 떨어졌다.

여기서 우리는 원하는 것Want과 좋아하는 것Like의 차이를 확인할 수 있다. 많은 부모가 아이들의 Want와 Like를 구분하지 못한다. 서일이가 컴퓨터 게임에 몰입한 이유는 단순히 Want였다. '또래 친구들과의 경쟁'이라는 특정한 환경을 벗어나자 아이는 더 이상 컴퓨터 게임에 몰입하지 않았다. 만약 서일이가 좋아하는 게임이 Like였다면 친구들과의 경쟁이 없는 곳에서도 동일한 몰입을 보였어야 한다.

무엇이든지 아이가 한 가지 일에 집중하는 것은 좋은 현상이다. 단, 집중 대상이 중요할 뿐이다. 아이 스스로 Want와 Like의 차이를 아는 것은 정해놓은 목표를 향해 부지런히 나아갈 수 있는 원동력이다. 특히 적성을 찾는 것이 중요한 시기에는 경쟁구도에서 벗어나 Want과 Like를 구분하는 것이 필수로 요구된다.[1] 현명한 부모는 아이가 정말 좋아하는 일을 찾을 수 있도록 지지하고 응원하며, 도와줄 수 있어야 한다.

일상 속 Want와 Like

우리 아이의 일상 속에서 Want와 Like를 나누어보자.

WANT	
LIKE	

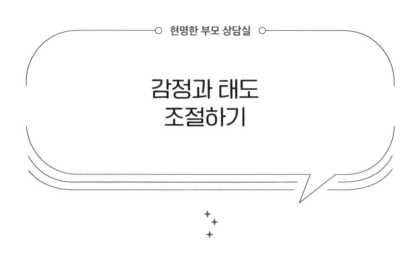

감정과 태도 조절하기

목표를 향해 노력하는 아이에게 사춘기는 큰 장벽이다. 어렵게 마음 먹은 다짐이 한 순간의 감정 조절 실패로 무너질 때도 있다. 아이 나름대로 고민이 많을 시기에 부모의 잔소리와 협박성 훈육은 아이의 마음을 더 힘들게 할 뿐이다.

"그렇게 말하고 싶지 않았는데, 저도 제가 왜 아이의 속을 헤집고 건드렸는지 잘 모르겠어요."

사춘기일수록 아이는 자신의 감정을 확인하고 받아들일 줄 알아야 한다. 자신의 감정을 제대로 알지 못하면 그 감정은 태도로 이어지기 쉽다. 아이 스스로 자신의 감정을 확인하고 받아들이는 상담 대화는 사춘기 아이들에게 반드시 필요하다. 아이는 생각보다 스스로를 잘 알고 있다.

교사 　지금 그렇게 말하는 너의 기분은 어때?

아이 　당연히 안 좋죠. 그러니까 제가 짜증을 내고 있잖아요.

교사 　그래, 짜증이 난 거구나. 그러면 지금 기분을 조금 다르게 표현해 볼까?

아이 　몰라요. 그냥 짜증이 나요.

교사 　자. 계속 짜증을 내면 너의 짜증이 작아질까? 아니면 더 커질까?

아이 　모르겠어요.

교사 　그러면 이 짜증이 너에게서 사라지지 않는다면 어떨 것 같니?

아이 　안 좋겠죠.

교사 　그럼 이 기분을 계속 유지해야 할까? 아니면 다르게 표현해야 할까?

아이 　다르게 표현해야 할 것 같아요.

교사 　자, 그럼 너를 짜증나게 하는 일과 너의 기분을 분리해보자.

아이 　어떻게요?

교사 　왜 짜증이 계속 나는 것인지 종이에 적어보자.

아이 　다 썼어요.

교사	종이를 저쪽 문 앞에 놓아두고 와서 앉아보자. 자, 느낌이 어때?
아이	음... 저 종이가 멀어지니까 짜증낸 이유도 조금은 멀어진 것 같아요.
교사	그렇다면 이제 너의 기분을 생각해 보자. 짜증내면서 마음이 어땠어?
아이	마음이 어두워졌어요.
교사	그러면 마음이 밝아지면 되겠다. 마음을 밝게 해주려면 어떻게 하는 것이 좋을까?
아이	딸기 슬러시를 먹으면 좋을 것 같아요.
교사	오~ 그 선택도 좋은 걸!

스스로의 감정을 확인하고 조절할 수 있다면 태도를 결정하기에 훨씬 수월하다. 성인이 되어서도 이 부분을 놓쳐 때때로 감정이 태도로 연결되는 경우가 많은데, 어릴 때부터 내 감정 조절에 익숙해지는 연습을 하면 성인이 되어서도 감정에 휘둘리는 상황을 막을 수 있다.

성공하는 집중력 활용법

계획표를 작성할 때는 괜히 다 이룰 수 있을 것 같은 기분이 든다. 계획이 시작되는 날부터 마법처럼 짠하고 변화하는 삶을 기대하지만 계획대로 실행하기란 쉬운 일이 아니다. 적절한 계획을 세웠더라도 아이는 많은 장애물을 만난다. 이때 필요한 것은 내 안의 에너지를 분산시키지 않고 한곳에 모으는 집중력이다. 상대적으로 약한 다른 욕구에는 에너지를 낭비하지 않는 습관이 필요하다. 급한 일에 먼저 집중하다보니 중요한 일을 놓치고 마는 것이다. 목표를 향해 달려가는 것은 곧 집중력 싸움이다. 목표 앞에서 쓰러지는 아이는 결국 집중력이 부족했기 때문이다.

집중력을 기르는 데 도움이 되는 두 가지 조건이 있다.

첫째, 집중할 수 있는 환경을 만들어야 한다. TV의 유혹을 이기기 어려울 때, TV 리모컨의 배터리를 빼놓는 방법이 있다. 만약 핸드폰의 유혹을 이기기 어려울 때는 핸드폰을 다른 공간에 두거나 전원을 꺼놓는 등의 방법으로 환경을 바꾼다. 방 안의 책상 배치나 조명을 바꾸는 것도 집중력을 높이는 데에 좋다.

둘째, 마음의 에너지를 잘 다스리자. 매사에 자신 있는 아이라 할지라도 한 번쯤은 '정말 그럴까?', '실패하면 어떡하지' 같은 갈등을 느끼기 마련이다. 아이는 목표에 대한 확신과 집중력으로 마음을 다스릴 필요가 있다. 집중력이 흐트러질 때 유용한 질문이 있다.

'○○아, 지금 너는 어디에 집중하고 있니?'

스스로에게 질문하면서 현재 상황을 알아차리는 방법이다. 지금 내가 하려고 하는 행동이 목표에 도움이 되는 행동인지 아닌지는 아이 스스로도 쉽게 알아차릴 수 있다. 다만 경험해보지 않았을 뿐이다.

STOP : 잠시 멈춰 생각하라

《이너게임》의 저자 티모시 골웨이Timothy Gallwey는 집중이 필요한
상황에서 유용한 도구로 'STOP'을 소개한다. STOP은 여러 감정이
뒤섞일 때 잠시 멈춰 생각하고, 목표를 향해 꿋꿋이 나아갈 수 있게
돕는다.

Step back
Think
Organize your thoughts
Proceed

① Step back 물러선다

현재 상황에서 일단 멈추고 물러서서 자신을 추스르는 것. 지금
내가 무엇을 하고 있었는지 상황을 바로 인지하고 스스로의 모습을
보는 것이 중요하다.

② Think 생각한다

스스로 '무엇이 우선인가?', '내가 정말 원하는 것은 무엇인가?'
같은 질문을 하며 목표에 대한 나의 의식과 집중력을 점검한다.

③ Organize your thoughts 생각을 정리한다

떠오르는 많은 생각을 정리해서 단순화하는 과정. 논리적으로

생각을 정리해 목표를 향한 행동을 점검할 수 있다. 2단계 Think에서 방법을 찾았다면, 현실로 복귀를 준비하는 과정이라고도 할 수 있다.

④ Proceed 전진한다

점검을 마쳤다면 행해야 할 일을 떠올리고 목표를 향해 집중하며 하나씩 행동으로 실천한다.

STOP은 다양한 상황에 적용할 수 있다. 순간의 멈춤으로 자신의 생각을 확인하고 집중해 결정하게 돕는다. STOP은 사람마다 짧게는 몇 초, 길게는 몇십 분이 걸릴 수도 있다. 하루를 시작할 때나 끝낼 때, 계획을 변경할 때, 실수가 있을 때 등 많은 상황에서 활용이 가능하다. STOP 생각법이 익숙해지면 활용 범위를 확대해 삶을 변화시키길 추천한다.

S.T.O.P 적용하기

나의 일상에 S.T.O.P을 적용해보자.

①
Step back
(물러선다)

②
Think
(생각한다)

③
**Organize
your
thoughts**
(생각을
정리한다)

④
Proceed
(전진한다)

3장

건강한
습관 만들기

습관은 작은 것에서부터 시작된다.
습관이 자리잡기까지는 나의 의지도 중요하지만
주변의 지지와 응원이 절대적으로 필요하다.
생활 환경에 따라 습관은 얼마든지
달라질 수 있기 때문이다

경험을 적용하는 시간, 습관

사람은 약 2,000억 개의 뉴런을 가지고 태어난다. 성장하면서 그 반 정도가 사라지고 나머지 반을 가지고 평생을 살아간다고 한다. 그런데 우리 뇌가 정보를 전달하는 자극을 받게 되면 뉴런들 사이에서 신경전달물질이 생성되며 '시냅스'라는 화학적 작용이 일어난다. 시냅스 작용이 반복적으로 일어나면 그 상태는 계속 유지된다. 이때 흔히 이야기하는 '습관'이 만들어진다.

예를 들어 아이가 영어 공부를 할 때 자신에게 맞는 방법으로 꾸준히 매일 100일 이상 반복하면 영어 공부가 조금씩 수월해질 것이다.[2] 처음에는 의식해야 습관을 반복할 수 있는데 어느 정도의 시간이 흐르고 나면 의식하지 않아도 자연스럽게 행동으로 이어지게 된다. 꾸준히 반복해서 원하는 결과를 만드는 것이 좋은 습관 형성의 기본적인 방법이면서도 지름길이 된다.

습관은 내가 만드는 것

습관은 작은 것에서부터 시작된다. 습관이 자리잡기까지는 나의 의지도 중요하지만 주변의 지지와 응원이 절대적으로 필요하다. 생활 환경에 따라 습관은 얼마든지 달라질 수 있기 때문이다.

찰스 두히그Charles Duhigg의 저서 《습관의 힘》에 따르면 새로운 습관의 탄생은 **신호-반복 행동-보상**의 세 단계를 거치면서 만들어진다. 습관을 바꾸려는 의지와 열망이 이 세 단계를 고리처럼 연결해 지속적으로 회전시킨다. 신호와 반복 행동은 빗소리를 들으면 부추전이나 삼겹살 구이가 생각나 입맛을 다시게 되는 것과 같다. 특정 상황에 나타나는 반응을 자신의 새로운 습관 만들기에 적용한다면 새로운 변화를 만들어 낼 수 있다.

유독 핸드폰의 유혹에서 빠져나오기 힘든 날이 있다. SNS 게시물 사이를 이리저리 헤엄치다보면 금세 시간이 흐른다. 내 경우에는 게시물 자체의 내용보다 눈에 보이는 빨간색의 알림을 확인하는 데 흥미를 느낀다. 일명 '좋아요' 개수 혹은 누가 '좋아요'를 남겼는지 확인하는 재미가 아주 쏠쏠하다.

나의 상황에서 세 단계 신호-반복 행동-보상을 찾아보자.

(신호) SNS에 빨간 알림이 뜨면 궁금하다.
(반복 행동) SNS를 보면 시간이 금방 지나간다.
(보상) 사람들의 반응에 댓글을 남기고 소통하면 기분이 좋아진다.

이런 상황의 반복은 확실한 신호-반복 행동-보상을 나타낸다. 보상의 내용에 기쁨을 얻기도 하지만 순식간에 흘러버린 시간에 계획이 흐트러진 적도 있다.

이런 반복적인 상황에서 벗어나고 싶은 나에게는 어떤 SNS 습관이 필요할까? 먼저 나는 두 번째 단계인 보상 행동을 조절하기로 했다. 이전에는 수시로 SNS를 확인했다면 그 이후부터는 하루에 두 번, 오전 10시와 저녁 8시로 시간을 정해놓고 확인했다. 초반에는 내가 미처 생각하기도 전에 손이 먼저 반응해 핸드폰을 쥐었다. 그때 나는 '아! 내가 SNS를 확인하고 싶어하네'하고 생각했다. 무의식적인 행동을 알아차리는 단계로 메타인지를 활용한 것이다. 그렇게 알아차리고 나니 나와의 약속을 지켜야겠다는 생각이 더욱 강해졌다. 나의 통제력을 발견하고 잘 인지해서 행동으로 연결하는 연습은 계속되었다.

어느 정도 익숙해졌을 때 나는 세 단계 신호-반복 행동-보상을 적용해 보았다. 핸드폰 화면에 포스트잇을 붙여놓는 것이었다. 포스트잇에는 아무런 글씨도 쓰지 않았다. 포스트잇이 붙어있는 핸드폰 화면을 볼 때 'SNS 사용 시간을 줄이자'라는 생각이 들면 반은 성공한 것이었다.

(신호) SNS에 빨간 알림이 뜨면 궁금하다.
(반복 행동) 핸드폰에 붙어있는 포스트잇을 보면
궁금함을 참고 정해진 시간에 확인하기로 다짐한다.
(보상) SNS에 낭비하는 시간을 줄이고, 계획했던 일을 성공적으로 마친다.

마침내 나는 수시로 SNS를 확인하는 습관에서 하루에 두 번, 시간을 정해놓고 SNS를 확인하는 것으로 새로운 습관을 형성했다. 무조건 'SNS 사용 시간 줄이기'라고 목표를 세웠다면 실패했을지도 모른다.

습관을 바꾸기 위해서는 자기 통제가 중요하다. 습관에 관한 행동 변화 모형은 습관이 형성되는 과정은 좋은 습관이든 나쁜 습관이든 동일하다는 점을 보여준다.[3]

결국 습관을 바탕으로 한 행동 변화는 자기 통제가 반드시 필요하다. 앞에서도 말했듯이 자기 자신을 더 잘 아는 사람이 자신을 통제할 수 있다. 습관 형성에서도 메타인지는 효과적인 해결책이 될 수 있다.

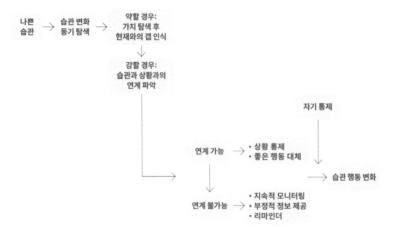

나쁜 습관 행동 변화 모형

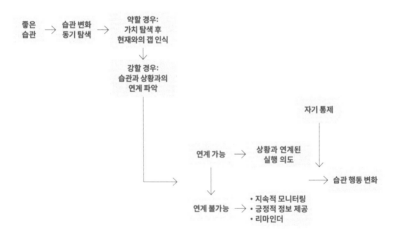

좋은 습관 행동 변화 모형

생활 습관을 바꾸는
시간 활용법

아이는 해야 할 일들을 눈앞에 두고도 달콤한 유혹에 빠지곤 한다. 결국 아이는 작은 목표조차 이루지 못하고 성공보다 실패의 경험을 반복한다. 많은 아이들이 반복하는 가장 흔한 실패의 경험은 정해진 숙제를 끝마치지 못하는 것이다. 그렇다고 해서 '숙제를 안 해도 된다'고 생각하는 아이는 거의 없다. 친구와 놀다 보니 숙제를 할 시간이 부족해진 아이는 '숙제'라는 작은 목표에 연달아 실패하는 습관이 생긴다. 숙제를 끝마치고 자유 시간을 가지면 되지만 그 습관이 형성되기란 쉽지 않다.

"좋은 습관을 만들려면 도대체 얼마나 더 해야 하는 거예요?"

학습 코칭 중 자주 받는 질문이다. 사실 좋은 습관은 '될 때까지' 하다 보면 만들어진다. 의식하지 않고 자연스럽게 행동할 수 있을 때까지 하면 습관이 하나둘 생겨날 것이다. 그러기 위해서는 내가 어떤 습관을 만들기 원하는지, 그래서 어떤 사람으로 변화하기를 원하는지에 대해 깊이 생각해야 한다. 누군가가 해서 효과를 봤다고 해서 무작정 그 방법을 따라 하는 것은 습관이 아니다.

작은 변화가 좋은 습관이 된다

습관 형성이 중요한 중학교 1학년은 다른 학년에 비해서 상담 요청이 많이 들어온다. 한 번은 중학교 1학년 학생의 어머니께서 상담을 요청하셨다. 어머님 말씀으로는 아이가 아침잠이 많아서 기상이 어렵다고 했다. 기상 시간이 늦어지니 당연히 지각도 밥 먹듯 했다. 알람을 아무리 많이 설정해도 일어나지 못하는 아이 때문에 아침은 늘 전쟁터 같았다. 아이와 대화하면서 보니 평소 아이가 익숙해진 생활 태도와 해결책이 동시에 보였다.

실제 아이의 집은 초등학교와 중학교가 가까이 붙어있는 아파트 단지로, 도보로 5분 정도면 쉽게 등교할 수 있었다. 문제는 바로 여기에 있었다. 학교와 집이 가까우니 아이는 늘 시간에 딱 맞춰 등교하거나 조금 늦어도 된다는 생각을 가지고 있었다. 어머님의 말씀대로 아침잠이 많은 아이여서 생긴 문제는 아니었다. 초등학교 6년 동안 몸에 밴 지각 습관 때문에 중학교 생활도 별다를 것이 없었다. 아이는 당연히 지각할 뿐이었다. 하지만 이런 습관이 계속되면 고등학교 생활도 불 보듯 뻔한 일이었다.

나는 아이에게 한 가지 약속을 제안했다. 등교 인증샷 이벤트였다. 등교하자마자 교실 시계를 사진 찍어 내게 공유하는 방법으로 지각 횟수를 줄여나갔다. 아이의 노력을 인정하고 그에 맞는 칭찬으로 아이를 격려했다. 그렇게 아이는 눈에 띄게 지각 횟수가 줄었고, 마침내 중학교 1학년 겨울 방학을 앞두고 지각하는 습관을 완전히 털어냈다.

중요한 것은 행동의 변화다. 변화의 폭이 아주 작더라도 향하는 방향이 옳다면 아이는 금방 좋은 습관에 가까워질 것이다.

 일상생활에서 생각해보기

아이의 생활 속에서 이미 가지고 있는 습관을 적어보고, 개선되길 바라는 방향이 있다면 함께 적어보자.

(예)
(초등 저학년) 밥 먹고 싱크대에 그릇 놓기, 식후 양치 바로 하기, 공부한 책 정리하기 등
(초등 고학년) 책상 위 물건 정리하기, 침구 정리하기, 신발장 정리하기 등
(중등) 재활용 분리 돕기, 침구 정리하기, 서랍 속 정리하기 등
(고등) 침구 정리하기, 안 쓰는 물건 방에서 내놓기 등

2부

현명한
부모의 선택 :

자기주도

1장

스스로
생각하는
아이

진짜 지식의 영역을 넓히기 위해서는
타인에게 그 대상에 대해 설명하는 것이 효과적이다.
자신이 마치 선생님처럼 학습 내용을 전달해보면
내가 알고 있는 부분과 모르는 부분을
확실히 알 수 있는 메타인지를 경험하게 된다.

중학교 1학년이
놓쳐서는 안 될
'자유학년제'

일반적으로 초등학교 1학년부터 6학년까지의 시험은 과목별 단원 평가가 전부다. 이후 중학생이 되면 고등학교 3학년 때까지 매 학기마다 중간고사와 기말고사를 치러야 한다. 그러나 2016년부터 전국 모든 중학교에서 한 학기 지필고사를 생략한 자유학기제가 시작되었고, 2018년부터는 일부 희망 학교에서 자유학기제가 중학교 1학년을 대상으로 1년 동안 시행되는 자유학년제로 확대되었다.[4]

자유학년제는 학생이 직접 활동하고 체험하는 배움을 목적으로 시행된다. 자유학년제를 실시하는 중학교 1학년은 교과 내신 성적이 고등학교 입학 전형에 반영되지 않고 학생의 성장과 발달 과정 중심의 평가가 진행된다.

평가 기준이 학생 중심적으로 바뀌는 것은 꽤 혁신적이다. 하지만 중학교 1학년이 된 아이는 지필고사가 없는 1년을 보내다가, 중학교 2학년이 되면 각 학기마다 중간고사와 기말고사를 대비해야 한다. 여기에 과목별 수행평가까지 함께 챙겨야 하는 상황이 오면 아이는 혼란에 빠지게 된다.

자유학년제, 쓸모있게 활용하려면?

학교의 의도대로 자유학년제를 보낸 아이가 중학교 2학년이 되었을 때 지필고사와 수행평가 과제에 잘 적응하는 것이 가능할까? 아이는 현실적으로 중학교 2학년 과정을 미리 준비한 친구와 그렇지 않은 자신을 비교하게 되는 냉정한 학교 수업 현장을 마주한다.

중학교 1년 동안 공부 근육을 전혀 사용하지 않은 채로 지내온 아이가 초등 6학년 때의 사고력만으로 중학교 2학년을 맞이하기란 쉽지 않다. 오히려 6학년 때까지 다듬어 놓은 습관마저 잊어버릴 수도 있다. 마치 1년간 병원에 입원했던 환자가 근력 회복을 위해 재활 훈련을 하는 것과 마찬가지다. 그만큼 집중력과 노력이 필요하다.

중학교 1학년의 겨울 방학은 앞으로의 5년을 준비하는 중요한 기회다. 이 한 해 동안 학교의 자유학년제 정책과는 별개로 학습의 완성도를 꾸준히 다듬을 수 있어야 한다. 이 시기 아이에게는 적절한 선행 학습과 집중력이 요구된다.

벼락치기는 공부가 아니다

중학교 1학년 아이에게는 지필고사가 낯설다. 공부하는 방법을 모르는 아이는 초등학교 때 습관을 버리지 못하고 '벼락치기'에 시험 운을 맡긴다. 학기 초에는 꾸준히 공부하는 방법분산 학습을 선택하지만 시험이 가까워지면 시간이 부족하다는 이유로 어쩔 수 없이 벼락치기 공부집중 학습를 한다. 초등학교 때라면 보통 단원평가 전날에 조금만 공부를 해도 성적이 만족스럽게 나왔을 것이다. 하지만 학년이 올라갈수록, 학습량이 많아질수록 벼락치기의 효과는 낮아진다.

결론부터 말하자면 집중 학습인 벼락치기보다는 분산 학습 공부법이 효과적이다. 벼락치기 공부법은 짧은 시간 안에 많은 양을 학습할 수 있어 얼핏 생각하면 효율적일 것 같지만 그렇지 않다. 오히려 공부한 이후에는 그 내용을 깨끗하게 기억에서 날려버리게 된다. 즉 앞서 공부한 내용을 되짚어 보며 점검하는 시간은 가질 수가 없다.[5]

그럼에도 아이는 왜 벼락치기 공부 스타일을 버리지 못하는 것일까? 표면적인 원인은 대부분 학습 습관이 바르게 형성되지 못해서 그렇다. 수업에서 배우는 단순 지식을 분산 학습을 통해 장기 기억으로 남기는 것이 가장 이상적이다.

다음의 그림은 집중 학습과 분산 학습을 막대그래프로 나타낸 것이다.[6]

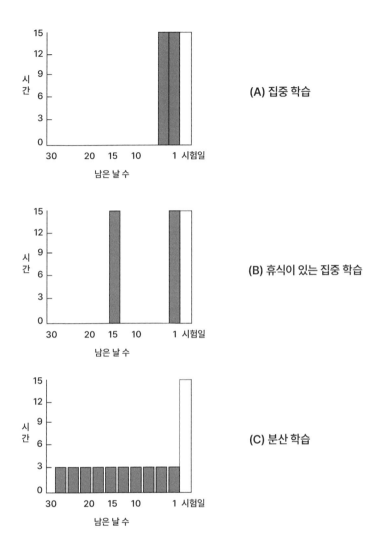

(A) 집중 학습

(B) 휴식이 있는 집중 학습

(C) 분산 학습

예를 들어 시험을 30일 남기고 동일하게 30시간을 공부한다고 가정했을 때 (A)는 시험을 이틀 앞두고 하루에 15시간을 연속해서 공부하는 집중 학습, (B)는 15시간씩 이틀을 공부하지만 공부하는 날 사이에 휴식이 있는 집중 학습이다. 그리고 (C)는 3시간씩 10일 동안 꾸준히 공부하고 시험일을 맞이하는 분산 학습이다. 세 가지 경우 중 학습 효과가 가장 높은 것은 어떤 것일까?

답은 분산 학습을 진행한 (C)이다. 집중 학습벼락치기을 한 (A)나 (B)는 많은 학습량을 계속 반복해서 공부하다보니 복습 주기가 짧아진다. 방금 전에 익힌 내용이니 당연히 기억이 잘 날 수밖에 없는데, 다 아는 지식이라고 스스로 착각하게 된다. 이 경우 시간이 더 흐른 실제 시험장에서 좋은 결과를 가져올 리 없다.

반면에 (C)의 경우에는 적절한 학습량을 꾸준히 공부하는 형태로 이전에 학습한 내용을 점검할 여유도 있어 비교적 나은 학습 효과를 기대할 수 있다. 그리고 자신이 부족하다고 느끼는 부분을 한 번 더 살펴보면서 스스로 학습 계획을 수정·보완하는 판단도 가능하다. 이마저도 메타인지를 활용할 수 있는 기회가 된다.

원래 학습學習이라는 단어는 요람에서 무덤까지 배우고 익히는 과정을 의미하는 크고 넓은 개념이다. 다시 말하자면 배우는學 시간은 학습의 반만 이루어진 셈이고 나머지 반은 나만의 방법으로 익히는習 과정이 반드시 필요하다.[7]

문제의 4사분면 : 올바른 학습이란

미리 시험을 준비하지 못한 아이는 급한 마음에 벼락치기 공부를 할 수 있다. 그렇게 치른 시험에서 좋은 점수를 받았다고 하더라도 그것은 결코 반가워할 일이 아니다. 이 아이는 다음 시험에도 역시 벼락치기 공부법을 활용할 가능성이 높다. 그렇지만 한계는 반드시 찾아온다.

복습하는 방법은 여러 가지가 있다. 제일 하지 말아야 할 복습 방법은 숙제로 주어진 문제만 풀고 오늘 공부를 끝냈다고 생각하는 것이다. 주어진 숙제만 끝낸 것으로 할 공부를 다 했다는 아이들은 배운 내용을 완성도 있게 공부하지 못했다고 보아도 무방하다. 해야 할 숙제는 오늘 배운 내용의 일부이고 내 방식대로 정리하기 보다는 기출 유형을 익히는 정도에 머물렀기 때문이다. 시험이 끝나면 꼭 문제를 다시 확인해야 한다. 과목별로 시험지를 살펴보면서 더 공부해야 할 부분을 확인하고 다음 시험을 준비하는 것이 좋다. 이때 효과적인 방법을 하나 소개한다. 바로 문제를 사분면으로 나누는 것이다. 학습의 완성도는 흩어져 있는 네 개의 사분면 영역이 모두 1사분면을 향할 때 향상된다.

다음 네 가지 영역은 아이의 현재 상태와 필요한 공부 방법이 무엇인지를 판단하는 기초 자료로 유용하다.

1사분면을 실력의 결과라고 할 때 4사분면은 실수의 결과라고 할 수 있다. 알면서 틀리는 문제가 여기에 해당한다. 이 영역에 속한 문제가 있다면 실수를 실력으로 전환하는 노력이 필요하다. 2사분면과 4사분면은 오답 영역으로 모두 1사분면을 향하도록 학습 방향을 잡아야 한다.

정확한 자기 실력은 1사분면만 해당된다. 현재의 자기 실력을 잘 알고 부족한 부분이 무엇인지 알고 채워야만 학습의 효과가 있기 때문이다. 내가 잘하는 부분이 어떤 것이고 잘 못하는 부분이 어떤 것인지 솔직하게 스스로의 모습을 알려고 노력하는 것은 그 과

학습 완성도의 4사분면

1사분면은 정답 영역(○)으로 아는 문제를 정답으로 선택한 것이다.
2사분면은 정답 영역(△)으로 모르는 문제를 정답인줄 모르고 고른 것이다.
3사분면은 오답 영역(×)으로 모르는 문제라서 오답을 선택한 것이다.
4사분면은 오답 영역(△)으로 아는 문제인데 오답을 선택한 것이다.

정 자체가 성장으로 가는 길이다.

앞에서 나는 학습의 중요성을 언급했다. 배우고 익히는 과정을 생각할 때 복습은 익히는 과정이 분명하다. 단기 기억보다는 장기 기억이 좋다는 것은 누구나 알고 있다. 다만 조금 더 빠른 방법과 좀 더 가성비가 좋은 방법에는 예민하게 반응하지만, 장기 기억을 만드는 방법과 그 수고로움에 대해서는 비교적 큰 관심이 없다.

5지선다형 문제에 익숙한 아이는 문제를 구체적으로 알고 싶어 하지 않는다. 왜냐하면 문제가 궁금하지 않기 때문이다. 그저 답을 빨리 구하는 데 익숙해진 사고의 틀은 문제를 이해하거나 분석하려

하지 않는다. 더구나 요즘 아이들은 교사주도적 수업에 익숙하고 자기주도적 학습과는 거리가 멀다. 우리 아이가 자기주도적인 공부법을 익혀야 하는 확실한 이유다.

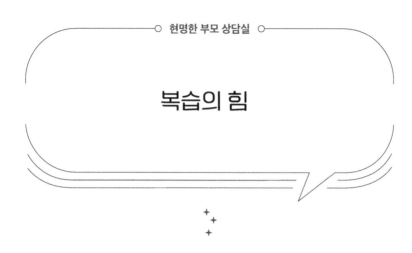

복습의 힘

내 아이가 교과서를 한 번만 봐도 다 기억할 수 있다면 좋겠지만 아쉽게도(?) 그럴 순 없다. 에빙하우스Hermann Ebbinghaus의 망각곡선 이론에 의하면 학습한 지 10분이 지날 때부터 망각은 시작된다. 학습 1시간 후에는 공부한 내용의 약 50%, 하루가 지난 이후에는 약 60%가 기억에서 사라진다. 결국 학습한 내용을 되도록 오래 기억하려면 복습의 횟수를 높이고 학습량을 나누어 자주 실천하는 것이 효과적이다.[8]

　일반적으로 한 시간 수업 대비 복습 시간은 두 시간으로 잡는 게 좋다. 배운 내용을 정리하며 나만의 언어로 정리하는 시간을 충분히 가져야 한다. 복습에 도움이 될 효과적인 세 가지 방법을 소개한다.

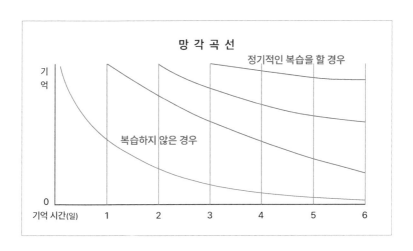

효과적인 복습 공부법

마인드맵으로 배운 내용 정리하기

첫째, 마인드맵이다. 마인드맵은 생각을 정리하는 데 매우 효과적이다. 배운 내용을 키워드 중심으로 정리하기도 하고 나열식으로 정리할 수도 있고 시간 순서대로 정리하기에도 편리하다. 주제에 따른 키워드를 나열하고 관련된 내용을 가지로 뻗어가다 보면 내가 아는 것과 잘 알지 못하는 것을 분명하게 구분할 수 있다.

내가 마인드맵을 추천하는 가장 큰 이유는 시각화 때문이다. 시각화는 어떤 정보든 오랫동안 기억에 남을 수 있게 하는 강력한 이

점이 있다. 거미줄 같은 모양의 형태를 그려나가는 비교적 쉬운 방법은 머릿속으로 생각을 정리할 수 있어 효과적인 공부법으로도 자주 거론된다. 개념이나 공식을 정리할 때에도 좋지만 문제 유형별 정리에도 효과적이라 과목 구분 없이 활용이 가능하다. 성인의 경우에도 자기 신념을 시각화하며 마음을 다잡는 마인드 컨트롤의 도구로 마인드맵을 활용하기도 한다. 《샤넬보다 마인드맵》의 저자 오소희는 그녀의 저서에서 "생각이 나지 않는다면 빈 가지라도 먼저 그려보자. 빈칸, 밑줄은 생각을 끄집어내는 능력이 있다"라고 말한다.

마인드맵은 더 이상 학교 공부에만 사용되는 도구가 아니다. 일상생활에서 떠오르는 아이디어나 해결하고 싶은 주제가 있다면 마인드맵으로 접근해보자. 가령 다이어트가 목표인 사람이 머릿속으로 생각만 하고 있다면 언제부터 어떤 방법으로 다이어트를 진행할지 생각하기 쉽지 않다. 하지만 마인드맵을 적용하면 구체적인 방법들과 함께 더 많은 효과적인 아이디어를 발견할 수 있을 것이다.

최근에는 다양한 디지털 마인드맵이 등장함으로서 더 많은 활용 방법과 다양한 디자인을 찾아볼 수 있다. 아이와 함께 다양한 주제의 마인드맵을 만들어 보는 것을 추천한다.

이야기로 배운 내용 설명하기

인지심리학자 김경일은 지식에 두 가지 종류가 있다고 말한다.[9] 하나는 내가 알고 있다는 느낌은 있는데 다른 사람에게 설명하지 못하는 지식이고, 다른 하나는 내가 알고 있다는 느낌도 있고 다른 사람에게 설명도 할 수 있는 지식이다. 전자는 내가 알고 있다는 느낌은 있는데 다른 사람에게 설명 못하는 '가짜 이해', 후자는 내가 알고 있다는 느낌도 있고 다른 사람에게 설명도 할 수 있는 지식인 '진짜 지식'이라는 것이다. 진짜 지식의 영역을 넓히기 위해서는 타인에게 그 대상에 대해 설명하는 것이 효과적이다. 자신이 마치 선생님처럼 학습 내용을 전달해보면 내가 알고 있는 부분과 모르는 부분을 확실히 알 수 있는 메타인지를 경험하게 된다.

'이야기로 설명하기'는 꼭 사람을 대상으로 하지 않아도 된다. 그날 공부한 내용을 되짚어보는 시간이 필요한 것이다. 가상의 인물을 정해두거나 익숙한 사물을 이야기 듣는 대상으로 생각해도 좋다. 책상 앞에서 그 날 공부한 부분을 누군가에게 설명하는 시간이면 된다. 만약 이해가 부족한 부분을 발견하면 다시 학습자의 자세로 돌아가 다시 배우고 익혀야 한다. 이 과정을 통해 아이는 자신이 공부한 내용에 대해 잘 알고 있는 것과 그렇지 못한 부분을 확실히 짚고 넘어갈 수 있다.

핵심 단어로 배운 내용 연결하기[10]

마지막으로 소개하는 효과적인 복습 공부법은 배운 내용의 핵심 단어를 연결하는 것이다. 위에 소개한 마인드맵과 설명하기를 결합한 방법이라고도 할 수 있다. 배운 내용을 정리해 마인드맵을 그리거나 누군가에게 설명하는 것은 누구나 시작하기 좋다. 마인드맵에서 키워드를 골라 그림을 그리는 것과 이야기의 구성을 만들고 순서에 맞게 설명할 수 있다면 가장 효과적인 다음 단계, '핵심 단어로 배운 내용 연결하기'로 넘어갈 수 있다.

연결은 매우 효과적인 기억법이다. 역사 수업의 '태정태세문단세...'나 과학 수업의 '수금지화목토...' 같은 방법을 떠올려보자. 이렇게 각 단어의 앞 글자를 따서 외우는 이유는 학습 내용이 장기 기억 장치에 잘 보관되기 때문이다. 흔히들 단기 기억으로만 학습을 하다 보니 시험이 끝나면 다 잊어버린다. 이때 핵심 단어로 배운 내용을 정리해두면 단어 하나만 떠올려도 관련된 여러 개념과 연관 단어가 생각나게 된다. 그리고 단원 전체 내용이 머릿속에 그림처럼 펼쳐진다.

위에 소개한 세 가지 방법으로 학습자는 생각했던 방법대로 문제 해결이 되었는지, 더 좋은 방법은 없었는지를 생각할 수 있다. 지식을 내 것으로 만들려면 복습은 꼭 필요하다.

2장

스스로
계획하는
아이

아이도 마찬가지다.
삶의 로드맵 없이 산다는 것은
매 순간을 상황에 따라 그럭저럭 지내는 것을 의미한다.
로드맵은 단순한 학습 계획표나 일정표와는 다르다.
목표를 향한 구체적인 과정이 있고 그에 알맞은 계획이 있으며
꾸준히 업데이트하며 목표를 바라보는 가치가 담겨있다.

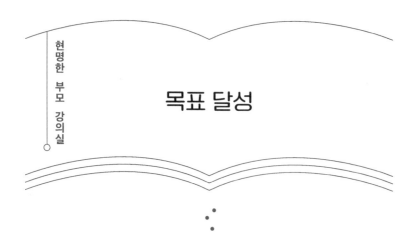

목표 달성

자신의 목표를 스스로 정하지 못한 아이는 중요한 선택의 갈림길마다 힘들 수밖에 없다. 그렇다고 일일이 부모가 따라다니며 대신 선택해줄 수도 없는 노릇이다. 특히 진로 결정을 해야 할 때, 진정으로 내가 원하는 것이 무엇인지 모르기 때문에 등급이나 점수에 맞춰 진학을 결정하는 경우가 허다하다. 그러다보면 아이는 주변에서 부모님이나 선생님이 심어준 생각대로 자신의 목표를 정한다. 그렇다면 나아가야 할 목표를 정확히 아는 아이는 어떻게 만들어질까? 목표에 집중하는 아이는 자신의 목표인 북극성을 바라보고 전진한다.[11]

행복의 근원에 대해 연구하는 심리학자 미하이 칙센트미하이 Mihaly Csikszentmihalyi는 '최상의 경험은 몰입을 통해 이루어진다.'라고 했다.[12] 어떤 일에 온전히 몰입하는 경험은 삶을 변화시킨다. 이것은 일종의 감정 경험으로, 몰입을 통한 집중은 놀라운 힘을 가진다. 목표는 내가 얼마만큼 몰입하고 집중하는지에 따라 고정된 모습일 때도 있지만 살아 움직이는 듯 역동적인 모습으로 보일 때도 있다. 자신의 북극성을 계속 바라보며 몰입하다보면 목표를 이룬 멋진 자신의 모습을 상상하게 된다. 나 역시도 이 책이 멋지게 완성되었을 때 그리고 독자로부터 다양한 공감을 얻을 때의 모습을 자주 상상하면서 글을 쓴다. 괜시리 몸과 마음의 에너지가 생기며 이전보다 집중이 더 잘 되는 느낌이다.

하지만 매 순간 목표에 집중하기란 쉽지 않아 때로는 목표가 저 멀리 고정되어 있고 나는 한참 떨어져 있는 기분이 들 때도 있다. 목표와 나 사이의 간격을 좁히기가 힘들 때면 나의 어떤 에너지가 부족한지 점검이 필요하다. 단순히 몸 컨디션 문제라면 조치는 의외로 간단할 수 있지만 마음의 에너지가 다운된 상태라면 어떤 방법으로 그 에너지를 끌어올릴지 상황에 알맞는 방법을 찾아야만 한다.

목표와 계획 그리고 실천하기

'아무리 힘든 목표라도 작게 쪼개서 생각하면 쉬워진다'

심리학자 슐로모 브레즈니츠Shlomo Breznitz는 최종 목표에 비교적 쉽게 이를 수 있는 방법으로 작은 목표를 추천한다. 긴 목표의 여정을 여러 개의 중간 지점으로 나누어 작은 목표로 삼고 하나씩 성취하는 방법이다. 목표를 나에게서 역동적인 시선으로 보기 시작했다면 그 목표를 조금씩 세분화해서 도달할 중간 지점에 작은 목표를 만들어 보자. 그렇다면 어떤 목표가 좋을까?

목표는 계획과 구분되어야 한다. 계획은 목표를 이루기 위한 과정으로, 하루 4시간 이상 공부하기, 수학 경시 대회 입상하기, 수행 평가에서 좋은 점수 얻기 같은 내용은 학습에 대한 계획이 아니라 목표에 해당한다. 목표를 세워놓고 계획이라 착각하는 '계획 오류'는 애초에 지키기 힘든 계획을 세워 실패하는 상황을 만든다.

대부분 계획이 구체적이지 않을 때 목표를 향한 실현 가능성이 낮아진다. '오늘은 영어, 내일은 수학', '내일부터는 세 시간 더 자습하기'와 같은 구체적이지 않은 계획은 시험 점수를 높이려는 목표와 점점 멀어지게 한다. 학교에서 나눠주는 시험 일정표처럼 날짜별로 공부할 과목 이름만 정하는 경우도 그렇다. 이런 계획은 아무리 학습 계획표를 사용한다고 해도 변화가 없을 수밖에 없다. 해당 날짜에 공부할 과목명만 적어놓고 계획을 세웠다고 말하는 것은 계획하지 않은 것과 같다.

바람직한 계획 세우기를 위해 학습 계획표를 추천한다. 구체적인 공부 시작 시간, 과목, 교재 선택, 소단원 제목 그리고 실천완성도를 정해서 기록해야 한다. 다음은 막연한 계획이 담긴 학습 계획표와 구체적인 계획의 학습 계획표이다.

	25일 (월)	26일 (화)	27일 (수)
1	수학	국어	사회
2	과학	영어	한국사
3	...	...	...
...	...	...	...

막연한 계획표

25일 (월)

	공부 시간	과목	교재	단원	실천완성도
1	6:00~6:50	수학	기본서	인수분해(유형별 정리)	상/중/하
2	6:50~7:10	휴식			
3	7:10~8:00	수학	문제집	소단원 정리 문제 풀기	상/중/하
...	...	...	...	...	...
피드백	(실천하면서 느낀 부분과 실천완성도를 구체적으로 기록한다) ...				

구체적인 계획표

학습 계획표에서 가장 중요한 마무리는 셀프 피드백이다. 시험을 앞둔 학생은 시험공부 계획을 짤 때 나름대로 목표를 세분화해 시험을 대비할 수는 있다. 하지만 중요한 것은 작은 목표 하나하나를 얼마만큼의 완성도로 실행했는지 시험이 끝난 후 반드시 점검해야 한다. 계획을 어느 정도 실천했는지를 확인하면서 다음 날의 계획을 미리 확인할 수 있고, 이 알아차림은 자신을 응원하는 바탕이 된다. 그리고 오늘의 부족함을 내일에 채우려는 의지를 불러오기도 한다. 학습 계획표가 익숙해지면 자연스레 내가 실천 가능한 계획을 구성하고 나아가서는 목표에 다다를 수 있다.

그리고 또 하나, 계획은 언제나 수정이 가능하다. 학습 계획을 세우는 아이들은 완벽한 계획에 대한 로망이 있다. 계획을 한 번 정하게 되면 되도록 고치지 않으려고 한다. 계획을 세우는 데 익숙하지 않은 아이는 선생님이나 부모님이 정해준 대로만 하고 싶어하는 수동적인 모습을 보이기도 한다. 목표에 다다르는 긴 여정에서 여러 번의 계획 수정은 반드시 필요한 과정이다. 계획을 수정하는 것은 목표를 더 잘 이루기 위한 방법을 찾는 과정으로, 자신에게 맞는 다른 방식이 필요하다면 얼마든지 학습 계획표의 내용을 수정해서 적용할 수 있다. 중요한 것은 여러 번의 시행착오를 경험하면서 나만의 효과적인 방법을 찾는 것이다.

아이는 자신에게 맞는 방법을 찾아 구체적으로 계획하고 꾸준히 실천해 목표를 완성하는 경험이 필요하다. 이것은 학습에만 적용되는 것이 아니다. 시행착오 자체는 문제가 아니다. 시행착오를 통해서 점점 더 성장하는가, 아니면 개선되는 것 하나 없이 똑같은 시행착오를 반복하며 제자리에 머물러 있는가가 문제다. 메타인지 없이는 제자리 걸음을 반복할 뿐이다.

우리 아이는 머리는 좋은데 끈기가 없어, 우리 아이는 마음만 먹으면 잘할 거야 같은 막연한 생각보다 작은 목표부터 하나씩 시행착오를 통해 큰 목표로 나아가도록 해주자.

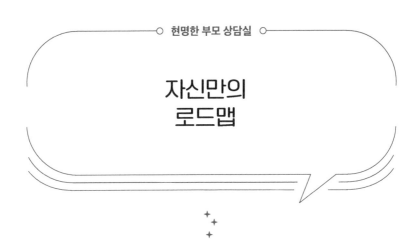

자신만의
로드맵

지금 당신이 서 있는 곳에서 지도를 열어보자. 현재 내 위치에는 빨간 불이 켜져 있을 것이다. 그리고 내가 가고 싶은 곳을 찍어보자. 내게서 얼마만큼 멀리 떨어져 있는가? 어떤 방법으로 갈 수 있을까? 지도를 보면 내가 가고자 하는 위치까지 어떻게 가야 하는지 알 수 있다. 그렇다면 내 삶의 목표를 향해 나아갈 때도 지도가 필요하지 않을까?

아이도 마찬가지다. 삶의 로드맵 없이 산다는 것은 매 순간을 상황에 따라 그럭저럭 지내는 것을 의미한다. 로드맵은 단순한 학습 계획표나 일정표와는 다르다. 목표를 향한 구체적인 과정이 있고 그에 알맞은 계획이 있으며 꾸준히 업데이트하며 목표를 바라보는 가치가 담겨있다. 계획표, 일정표에 익숙한 우리 아이들은 현재 자신에게 로드맵이 있는지 없는지도 모를 수도 있다. 그렇다면 먼저, 아이에게 질문해보자.

'네게 24시간이라는 선물이 생기면 무엇을 할래?'

의미 있는 로드맵 만들기

학교나 학원에 가는 것 같이 매일 반복되는 일상을 제외하고 아이가 정말 '의미를 두며 하고 싶은 일'은 무엇일까? 내게 의미 있는 일은 내 가치가 담겨있다. 그리고 그 가치를 더욱 빛내기 위해 나의 강점을 발휘할 가능성이 높아진다. 아이는 삶의 어느 부분에 의미를 두고 있을까?

첫째, 아이 스스로 지금 발을 딛고 있는 현실부터 확인해야 한다. 때로는 인정하고 싶지 않은 내 모습을 확인해야 목표에 더욱 집중할 수 있다. 지금 나의 위치를 제대로 확인하지 않으면 현실보다 목표에만 온 생각을 집중한 나머지 현재의 나를 과대포장하거나 뜬구름 잡는 생각을 하게 된다. 마치 로또 같은 요행으로 대박을 꿈꾸는 사람의 모습과 다를 게 없다.

둘째, 작은 목표를 만들어보자. 큰 목표를 정하고 직진하는 것도 좋겠지만 이 방법은 아이가 쉽게 지친다는 단점이 있다. 아이가 작은 목표들을 경유지 삼아 목표를 달성하는 기쁨을 누려보길 바란다. 이 과정 속에서 생각지도 못한 붐업이 있을 수도 있고 의외의 즐거움으로 큰 목표가 더 가까이 있는 듯한 느낌을 받을 수도 있다. 이때 작은 목표 사이 아이를 위한 보상을 준비하면 좋다. 작은 목표지만 목표를 이루기 위해 힘쓴 아이를 인정해주는 장치가 필요하다.

아래는 중학교 2학년 수학 과목을 기준으로 한 로드맵 예시이다 중학교 입학 후 첫 지필고사를 치르게 되는 중학교 2학년을 기준으로 했다.

위 그림처럼 로드맵의 매 지점마다 작은 목표를 세우는 것이 좋다. 첫 지필고사인 1학기 중간고사 50점을 기준으로 매 시험마다 점수를 15점씩 올리는 계획이다. 매 지점마다 향상된 점수는 최종 기말고사에서는 95점까지 도달할 예정이다. 매번 점수를 올리는 것은 쉽지 않지만 그렇다고 불가능한 것도 아니다. 4점 문제 네 개를 더 맞추거나 서술형 문제 6점, 5지 선다형 4점 문제를 각 두 문제씩 더 맞추면 되는 셈이다. 매 시험에서 95점을 받을 수는 없다. 더구나 과한 목표는 아이의 사기를 떨어뜨리는 것은 물론, 실제로 이루기도 쉽지 않다. 그리고 로드맵의 중간 지점에는 선물 이벤트를 준비해 최종 목표로 한 발짝씩 나아가는 아이를 응원하자. 각 과목별 성취도에 따라 성취 포인트를 부여하거나 상품으로 보상하는 방법도 좋겠다. 한 번 정한 로드맵이라고 해서 끝까지 고수할 필요는 없다. 오히려 언제든지 변경할 수 있다는 생각이 필요하다. 자동차 네비게이션도 주기적으로 업데이트가 필요하듯 상황에 맞는 목표 점검과 수정은 꼭 동반되어야 한다.

나에게 꼭 맞는 목표와 계획 세우는 법

코칭심리 전문가인 김은정 박사는 계획을 세울 때 참고하면 좋은 'SMART 원칙'을 소개한다. 각 영어 단어의 첫 글자로 구성한 SMART는 다음과 같다.[13]

Specific(구체적인)	행동과 계획이 얼마나 구체적인가?
Measurable(측정가능한)	실행 여부를 객관적으로 확인하고 평가할 수 있는가?
Achievable(성취가능한)	어느 정도 달성 가능한 계획인가?
Realistic(현실적인)	현실적으로 실행이 가능한가?
Time-bound (기한이 정해져 있는)	실행 시점과 기한이 정해져 있는가?

나는 Achievable 성취가능한과 Time-bound 기한이 정해져 있는를 이해하기 쉬운 단어로 변경해 Actionable 실행가능한과 Time-based 시간 기준로 구성해보았다.

Specific(구체적인)	행동과 계획이 얼마나 구체적인가?
Measurable(측정가능한)	실행 여부를 객관적으로 확인하고 평가할 수 있는가?
Actionable(실행가능한)	어느 정도 달성 가능한 계획인가?
Realistic(현실적인)	현실적으로 실행이 가능한가?
Time-based(시간 기준)	실행 시점과 기한이 정해져 있는가?

각 단계별 과정을 학습 플래너 작성에 반영해보았다. SMART 원칙은 계획을 세울 때 꼭 필요하다. 자신이 발휘할 수 있는 강점을 활용해 구체적으로 작성하면 더 좋다. 위의 방법은 공부만 아니라 일상생활에서도 얼마든지 적용할 수 있다.

① Specific 구체적인

학습 계획은 구체적으로 작성하자. 아이는 대개 무엇을 할지 잘 정하는 반면 어떻게 진행할 것인지에 대해서는 구체적으로 정하지 않을 때가 많다. 예를 들어 '오늘은 3시간이나 4시간 공부해야지' 같은 불투명한 계획보다는 공부를 시작하는 시간과 중간 휴식 시간 그리고 다시 공부에 집중하는 시간 등으로 구분해 학습 시간을 구체화하는 것이 좋다.

② Measurable 측정가능한

실패하는 계획의 대부분은 이 항목에 소홀한 경우가 많다. 측정 가능한 계획은 실천하기 이전과 실천한 이후를 비교할 수 있어 나를 살펴볼 수 있는 객관적인 기준이 된다. 예를 들어 '오늘부터 열심히 하기'라는 계획은 이전과 다르게 얼마만큼 열심히 했는지 측정할 방법이 없다. 측정 가능한 계획이라면 공부하고자 하는 교재의 소단원명을 적고 어느 정도 했는지 공부의 완성도를 체크할 수 있다. 오늘 완성하고자 하는 소단원의 분량이 8장이었는데 6장 밖에 못 했다면 계획 완성도는 75%인 것이다. 그렇다면 나머지 25%를 채우기 위한 계획을 세울 수 있다.

③ Actionable 실행가능한

실행가능한 계획은 나의 진행 속도를 알아볼 수 있다. 다른 사람이 4시간 만에 무엇을 했다고 해서 나도 4시간 안에 할 수 있는 것은 아니다. 시간이 더 걸릴 수도 혹은 덜 걸릴 수도 있다. 어떤 방법을 적용할 때는 나만의 속도를 가늠해 계획하는 것이 매우 중요하다.

고등학교 3학년 수학 〈확률과 통계〉 단원을 공부 중인 두 친구가 있다고 하자. 한 친구가 몇 주 만에 복습을 끝냈다고 해서 다른 친구도 그 계획을 무작정 따라할 필요는 없다. 〈확률과 통계〉는 고등학교 1학년 수학(하) 3단원 〈경우의 수〉와 〈순열과 조합〉의 이해도가 충분해야만 완전히 이해할 수 있다. 단순한 순열, 조합의 계산 방법뿐만 아니라 〈조건부 확률〉과 〈통계적 추정〉까지의 활용이 다뤄지기에 두 학생의 학습 계획은 이해도에 따라 차이가 날 수밖에 없다. 이처럼 내가 실행가능한 계획은 내 상황에 달려있다.

④ Realistic 현실적인

지금 계획이 실제 내 상황에서 진행이 가능한지 생각해 보자. 나의 실력과 상황으로 실행하기 어려운 계획임에도 마음만 앞서 세운 계획은 아닌지 확인이 필요하다. 내신 완성도가 부족함에도 불구하고 당장 다음 달에 있을 모의고사를 준비할 수는 없다. 현실적인 상황을 고려한다면 내신 진도를 잘 마무리하고 모의고사를 준비해야 한다.

⑤ Time-based 시간 기준

목표를 향한 계획은 단계별로 여러 번의 마감 기한 설정이 필요하다. 한 개의 대단원 공부를 마치기 위해서는 각 소단원 학습을 마쳐야 한다. 이때 어떤 개념서로 언제까지 마칠 것인지, 문제집은 언제까지 풀고 채점은 언제 마칠 것인지 기간을 정하자. 시험을 앞두고 있다면 더 전략적인 접근이 필요하다. 시작과 마무리의 기한을 정하지 않으면 목표와 점점 멀어지게 된다.

 **SMART한 공부 계획**

나만의 공부 계획을 SMART 원칙에 맞춰서 작성해보자.

Specific(구체적인)

Measurable(측정가능한)

Actionable(실행가능한)

Realistic(현실적인)

Time-based(시간 기준)

3장

스스로
성장하는
아이

자기주도학습은 아이 스스로 공부 계획을 정하는 데서 시작한다.

계획표를 세우는 습관이 자리 잡으면

꼭 공부가 아니더라도 스스로의 삶을 계획할 수 있는 아이가 된다.

아이는 자신이 가야 할 길을 알고 스스로 개척하는

멋진 삶을 살게 될 것이다.

내 아이
맞춤 학습?

백화점이나 인터넷 쇼핑몰에서 구매한 옷이 내 몸에 맞지 않아 교환이나 환불해본 적이 있는가? 마네킹이나 모델에 맞게 입혀진 옷을 느낌만 보고 구입했을 때 이런 안타까운 상황이 발생한다. 실제나의 체형과 피부 톤을 고려하지 않고 옷을 선택한 결과다. 아이의교육도 마찬가지다. 다른 아이에게 효과 있는 공부 방법이 우리 아이에게 정확히 맞으라는 법은 없다. 아이의 성격이나 습관, 성장배경 그리고 주변 상황을 고려하지 않고 바로 적용해 학습 결과를 기대하는 것은 실패할 확률이 높다.

앞에서 그동안 내가 아이들을 만나면서 경험한 효과 있는 학습법을 공유했다. 중요한 것은 이 학습 방법을 어떻게 적용해야 하는 가이다. 효과적인 공부법이라고 해서 무작정 아이에게 끼워 맞출 수는 없는 노릇이다. 그래서 학부모님들이 내게 아이의 시험 성적을 올릴 수 있는 방법을 물어올 때면 나는 "효과적인 공부 방법은 아이의 수만큼 다양합니다"라고 대답한다. 단지 딱 맞는 공부 방법을 찾는 과정에 도움이 되는 조언만 있을 뿐이다. 단번에 성공적인 결과가 안 보인다고 조급해 하거나 서두를 필요는 전혀 없다. 원하는 결과를 빨리 얻으려고만 하다가 결국 자신만의 방법이 아닌 남이 만들어준 다른 방법으로 훈련되는 경험을 반복할 뿐이다.

좋아하는 과목만 공부하려는 아이

학창시절 나는 국어와 수학을 좋아하는 학생이었다. 반면 영어와 지리 시간은 좋아하지 않았는데 그 이유를 생각하면 웃음이 난다. 당시 나는 친절한 국어 선생님이 좋아서 국어 시간을 좋아했던 반면에 호랑이 같이 무서운 지리 선생님 때문에 덩달아 지리 시간을 싫어했던 아이였다.

매주 수요일에 만나는 중학생 영주를 보면 내 학창시절이 떠오른다. 영주는 좋아하는 과목과 좋아하지 않는 과목이 뚜렷했다. 그에 따라 성적표도 뚜렷한 차이를 보였는데 영주의 상황을 모르는 부모님은 고민이 이만저만이 아니었다. 영주에게 과목별 성적이 차이나는 이유를 물었더니 좋아하는 선생님의 시간은 집중이 잘 되고, 싫어하는 선생님의 시간은 아무리 노력해도 글자가 눈에 들어오지 않는다고 했다. 마치 나의 모습을 보는 것 같았다. 영주는 자신이 좋아하는 과목은 어떤 방법으로든 스스로 공부하고 있었다. 하지만 좋아하지 않는 과목은 아예 거들떠보지도 않았다. 영주가 해결해야 할 것은 좋아하는 과목이 아니라 좋아하지 않는 과목을 바라보는 자세였다.

나는 영주와 코칭 대화를 시작했다. 영주도 질문에 진지하고 솔직하게 대답하면서 자신을 돌아보는 자기성찰에 잘 집중하는 듯했다. 그리고 좋아하지 않는 과목에 대해 공부하는 방법을 나와 하나씩 이야기했다.

신기하게도 코칭 대화를 하다보면 평소에 생각하지 못했던 것을 스스로 알아차리면서 문제를 조금씩 객관화한다. 이유는 분명하다. 자기객관화야말로 메타인지의 강점이기 때문이다.

"비슷한 상황에 처한 친구에게 영주는 뭐라고 말해줄 수 있을까?"

영주는 말을 멈추고 깊이 생각에 잠기더니 이렇게 말했다.

"저라면 좋아하지 않더라도 시험에 필요한 만큼 공부하라고 말할 것 같아요."

우리는 대화 끝에 한 가지 원칙을 정했다. 좋아하지 않는 과목은

요일을 정해서 공부하기. 더도 덜도 말고 일주일에 딱 세 번만 복습하기로 했다. 학교 시간표상 그 과목 수업이 있는 3일을 기준으로 잡았다. 누구나 좋아하는 것과 싫어하는 것이 있듯이 좋아하는 과목과 싫어하는 과목을 확인하고 인정하니 영주도 나도 훨씬 마음이 편해졌다. 오히려 자신에게 맞는 학습 방법을 찾기에 조금 더 쉬워지는 것 같았다.

영주가 아닌 다른 아이라면 해결책이 바뀌었을 것이다. 오로지 영주에 맞춘 맞춤형 학습법은 영주에게만 적용되기 때문이다. 영주는 다음 학기에 싫어하던 과목의 성적표를 자랑스레 내밀었다. 실제로 점수는 향상되었으며 이 경험조차 영주에게는 큰 응원이 되었다. 다른 아이와 마찬가지로 틀에 짜여진 학습법을 강요했다면 영주는 계획대로 공부할 수 있었을까? 나는 단지 영주의 상황을 확인하고 필요한 학습법을 제안했을 뿐이었다.

자기주도는 남을 따라하는 것도 아니고 내가 좋아하는 것만 하는 것도 아니다. 충분한 자기객관화를 통해 메타인지적 과정을 거칠 때 무엇을 해야 하는지 스스로 판단하고 발견할 수 있다.

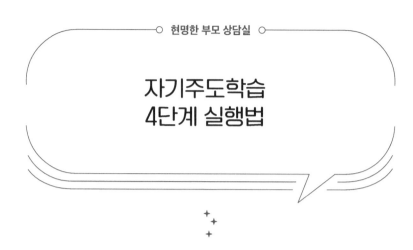

자기주도학습 4단계 실행법

자기주도학습은 다들 중요하다고 한다. 중학생이 되면 이제 어지간한 일은 혼자서 할 수 있어야 한다고들 한다. 사실이 그렇다. 지금 내가 처한 환경을 이해하고 무엇을 해야 하는지 발견하여 적절한 행동을 취할 줄 알아야 할 시기다. 특히 공부에 있어서는 자기주도적인 아이가 앞서나갈 수 밖에 없는 시기다. 하지만 아쉽게도 다들 자기주도로 하라고만 하지 어떻게 해야 하는지는 잘 모른다.

자기주도학습을 잘 교육하기 위한 4단계 실행법을 소개한다.

자기주도학습 4단계 실행법

일반적으로 잘 알려진 자기주도학습은 계획-실행-평가의 세 단계로 구성된다.[14] 하지만 나는 여기에 메타인지라는 한 가지 요소를 더 포함해 다음의 네 가지 단계를 소개하려 한다.

각 단계는 현재 파악하기, 공부 설계하기, 실행계획 실천하기, 피드백 점검하기다.

1단계	현재 파악하기
2단계	공부 설계하기
3단계	실행계획 실천하기
4단계	피드백 점검하기

1단계 : 현재 파악하기

계획-실행-평가의 3단계 자기주도학습을 시작하기에 앞서 아이의 현재 상황을 확인해야 한다. 현재 상황을 확실하게 알고 있어야만 다음 단계로의 진행이 수월하다. 우선 학습 이해도, 완성도, 성적 분포 정도를 확인하고 아이가 어떻게 학습하고 있는지 전반적인 점검이 필요하다. 무턱대고 높은 성적을 목표로 하는 것은 오히려 독이 된다. 답은 우리 아이의 성적표에 있다.

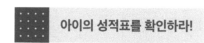

· 점수가 전부가 아니다.

일반적으로 중학교 성적은 소수점 둘째 자리까지 생각해야 한다. 예를 들어 과목 점수가 73.4일 때, 73.35에서부터 73.44까지의 결과를 소수 첫째 자리까지 나타낸 것이다. 반면에 73.5점일 경우에는 73.45에서부터 73.54까지의 점수를 올림해 나타낸 것이라고 이해하면 된다. 고작 0.1점 차이라고 얕보면 안 된다. 이 경우 대부분 지필고사 성적이 아닌 수행평가 같이 평소 수업 시간의 태도가 반영되었을 확률이 높다.

즉, 중간·기말고사 같은 지필고사만 신경 쓸 것이 아니라 수행평가나 수업 태도 같은 작은 차이까지 놓쳐서는 안 된다. 이때 들인 습관은 이후 중학교 2, 3학년, 고등학교 3년 학교 생활 태도에도 영향을 미친다. 따라서 수행평가나 수업 태도를 챙기는 습관을 들일 것을 필수로 권한다.

· 과목별 점수보다 반 평균 점수를 우선 확인하라.

조금 더 전략적인 성적 관리가 필요하다면 평균 점수의 변화를 알아보자. 반 평균 점수도 오르고 아이의 성적도 올랐다면 실제 성적은 제자리걸음인 셈이다. 이런 상황에서는 시험 출제 난이도가 낮아지는 것이 그 원인일 수 있다. 하지만 반 평균 점수는 내려갔는데 아이의 점수가 올랐다면(그 변화의 폭이 적더라도) 향상된 부분에 대한 인정과 칭찬은 아끼지 말자.

2단계 : 공부 설계하기

현재 나의 상황을 파악했다면 2단계로 넘어간다. 공부를 설계하는 2단계는 과목별혹은 단원별로 구체적인 진행 방향을 정한다. 이 과정은 스스로 학습의 흐름을 생각해볼 수 있다. 이때 공부 계획은 학교 수업 시간표를 참고하면 좋다. 학교 진도에 맞추어 어떻게 예·복습할 것인지, 비교적 시간이 넉넉한 주말에는 어떻게 계획을 세울 것인지 고민해보자.

 수학 과목 문제집 선정

아무 문제집이나 한 권 골라 첫 페이지부터 무작정 문제를 풀기 시작하는 아이와 어떤 개념서와 어떤 문제집을 병행할 것인지를 정하고 공부를 시작하는 아이 중 누가 더 계획적으로 공부할 수 있을까? 계획적인 자기주도학습을 위해 스스로 자신에게 맞는 유형, 수준의 문제집을 확인해야 한다. 대부분은 문제집에 대한 큰 정보 없이 주위의 추천이나 기존에 풀었던 문제집을 이어서 풀어나가는 경우가 많다. 성적의 변화, 과목에 따라 문제집을 다양하게 경험하는 것이 좋다. 아이가 부모와 함께 주말이나 방학에 서점 투어를 하면서 다양한 문제집과 책을 직접 확인해보길 추천한다.

(예) 중학교 수학 과목 기준

하위권	대부분 기초 연산이 부족한 경우가 많다. 연산 능력이 부족한 아이는 <수력충전>을 순서대로 차분히 풀어볼 것을 권한다. 혼자 학습하기에 알맞은 교재로, 부족한 개념은 중등 EBS를 병행하면 된다.
중위권	<개념+유형>, <올리드>, <우공비> 등의 개념서로 학교 진도를 이해하고 병행 교재로는 <RPM>이나 <쎈> 등의 연산 문제집을 추천한다.
상위권	학교 수업의 진도를 2회독 이상 진행했다면 <숨마쿰라우데 개념기본서>와 <숨마쿰라우데 실전문제집>, 최고수준문제집 등 본인 선호에 맞는 교재를 추천한다.

3단계 : 실행계획 실천하기

2단계 공부 설계하기까지 완료했다면 이제는 실전이다. 강제성 없이 혼자 공부하더라도 주저하지 않고 바로 실천할 수 있어야 한다. 과목별, 시간별로 구체적인 실행계획을 세워야 할 차례다. 어떤 교재로 얼마만큼 공부할 것인지, 휴식 시간에는 무엇을 하면서 얼마동안 쉴 것인지, 휴식 이후에는 무슨 과목을 어떤 책으로, 어느 단원을 익힐 것인지 등 되도록이면 구체적으로 계획을 세우는 것이 중요하다. 분명하지 않은 계획은 실행을 고민하게 만들 뿐이다.

반드시 내가 지킬 수 있는 계획을 세워야 한다. 계획을 잘 세워도 정확한 실천이 없다면 그 계획은 사상누각沙上樓閣이 되기 쉽다. 그렇다면 내가 해낼 수 있는지 없는지는 어떻게 알 수 있을까? 메타인지를 이용해 스스로에게 물어보자.

 스스로 질문하고 대답해보기

• **현실적으로 이행할 수 있는가?**

: 내가 할 수 있는지 없는지는 직접 경험해 보면 알기 쉽다. 기준은 바로 나임을 잊어서는 안 된다. 계획대로 했더니 시간이 남는다면 학습 분량을 늘리면 되고 시간이 부족하다면 학습 분량을 줄이면 된다. 생각만으로 고민하지 말고 일단 실천하자!

• 지속 가능한 계획인가?

: 작심삼일로 끝날 계획이라면 계획을 실행하기 전에 재정비하는 것은 어떨까? 처음에는 부담이 없는 선에서 실천해보기를 추천한다. 먼저 3일 짜리 계획을 세워 실천해보고, 내가 잘 해냈다면 다음 3일을 계획에 추가해보자. 그렇게 6일 동안의 계획을 잘 이행했다면 일곱 번째 날은 지난 6일 동안의 부족한 부분을 보충할 수 있는 날로 삼는다. 만약 보충할 것이 없다면 휴식을 하는 날로 정해도 좋다. 앞으로의 계획도 지속적으로 실행할수 있게 힘을 분배하기 위함이다.

• 휴식 시간은 적절한가?

: 휴식은 너무 길게도, 너무 짧게도 필요 없다. 과한 휴식은 다음 학습 시간의 집중력을 떨어뜨릴 뿐이다.

• 계획표대로 실행하지 못한 부분이 있다면?

: 계획대로 실행하지 못했다고 해서 절망할 필요는 없다. 미처 해내지 못한 계획은 다음 3일 동안의 계획에 포함시켜 완성하면 된다. 계획은 나에 맞게 정해진다.

4단계 : 피드백 점검하기

4가지 단계 중 가장 중요한 것은 피드백이다. 3단계까지 잘 진행했다고 하더라도 피드백 시간이 없다면 발전을 기대할 수 없다. 피드백 시간을 단순히 평가 단계로 보는 사람도 있지만 피드백 단계를 어떻게 활용하느냐에 따라서 문제를 해결할 수 있는 능력이 정해진다.

SCHEDULE		SCHEDULE	
수력충전 나머지 다 풀기 (문자의 사용과 식의 계산) (~14p)	O	3문 3문제 풀기	O
		영단어 Day7~8 다시 보기	O
영단어 Day7~8 암기(~44p)	△	스쾃 29회 2세트	O
푸시업 25회 후 풀업 5개 2세트	O	런지 34회 2세트	O
파이크 푸시업 11회 후 친업 5개 2세트	O	와이드 스쾃 29회 2세트	O
		노르딕 햄스트링 컬 11회 2세트	O
행잉 레그레이즈 10회 2세트	O	카프 레이즈 28회 3세트	O
MEMO		MEMO	
다시 학교 가는 데에 적응 중. 학교에 다녀와서 어떻게 할지 생각해봐야겠다. 오랜만에 학교에 가니까 피곤하다. 시간 조절에 실패하는 것 같아 짜증난다.		피곤해서 그런지 오늘따라 문제가 잘 안 풀려서 아쉬웠다. 주말에 재정비를 해야겠다. 그래도 내일 블랙핑크 신곡이 나와서 기대된다.	

이 계획표는 한 아이의 여름 방학 이후 개학 첫 주의 일정을 보여준다. 내용을 살펴보면 운동과 걸그룹을 좋아하는 아이의 특징이 드러난다. 이 예시는 해야 할 일과 하고 싶은 일로 이등분해 기록한 무난한 계획표로, 아이는 지킬 수 있을 만한 일로만 칸을 채웠다. 보여주기식의 계획이 아니다. 이 아이의 계획표에는 구체적인 피드백 내용이 있다. 단순한 O, X 형식의 평가가 아닌 하루를 마무리하며 느낀 생각이나 감정을 기록한다. 이 피드백은 내일의 다짐이 되기도 하고 자신의 마음을 알아주는 응원이 되기도 한다.

자기주도학습은 아이 스스로 공부 계획을 정하는 데서 시작한다. 계획표를 세우는 습관이 자리 잡으면 꼭 공부가 아니더라도 스스로의 삶을 계획할 수 있는 아이가 된다. 아이는 자신이 가야 할 길을 알고 스스로 개척하는 멋진 삶을 살게 될 것이다.

4장

자기주도적인 삶

부모로서 아이의 시간을 함께해줄 수는 있지만
그 삶을 대신 살 수는 없다.
그래서 아이가 자신의 삶을
자기주도적으로 살아가도록 도와주려면
스스로 메타인지를 적용하는 연습을 하도록 기회를 주어야 한다.

자기주도적인 아이를
만드는 부모

아이는 자신의 배를 책임지는 선장이 되어야 한다. 그리고 부모는 배가 나아갈 길을 알려주는 등대의 역할이면 충분하다.[15] 헬리콥터 부모나 캥거루 맘 같은 신조어는 아이가 부모의 뜻대로 자라기만을 바라며 전전긍긍하는 부모를 나타낸다. 부모의 틀 안에서 사는 아이는 주도적인 사람으로 자랄 수 없다. 아이는 자신의 생각을 주장하고 그에 따른 책임도 견뎌야 하며, 때로는 실패도 경험하면서 성장한다. 이 과정에서 자신의 모습을 통해 배우는 삶이 자기주도적인 아이를 만든다.

부모로서 아이의 시간을 함께해줄 수는 있지만 그 삶을 대신 살수는 없다. 그래서 아이가 자신의 삶을 자기주도적으로 살아가도록 도와주려면 스스로 메타인지를 적용하는 연습을 하도록 기회를 주어야 한다. 틀리면 개선할 기회를 주고 실패하면 다시 도전하도록 기회를 주고 경우에 따라서는 묵묵히 지켜보는 자세도 필요하다. 지켜보기 어렵다고 답답하다고 부모가 개입하기 시작하면 눈에 보이는 것은 바로 달라질 수 있겠지만 아이의 소중한 경험의 기회를 빼앗는 결과가 된다. 부모의 기다림은 아이의 경험치를 높이는 소중한 기회이다. 아이 삶의 전문가는 아이 자신임을 잊지 말자. 부모가 믿어주고 응원하고 기다려주면 아이는 성장하는 모습으로 멋지게 보답할 것이다. 어쩌면 그 시간은 부모에게도 스스로 성장하는 시간일 수 있다. 이 소중한 시간을 맞이하자.

레빈의 방정식 : 환경이 행동을 결정한다

과외 수업에서 만나는 학생 중에는 이전 교육 과정에서 배웠어야 할 내용을 놓친 아이들이 많다. 완전 학습이 안 된 이 학생들은 공식이나 계산법을 잊어서 문제를 틀리는 빈도가 잦다.

"원래 저는 분수 계산을 못해요."

아이는 자신감 없는 표정과 함께 나온 말에 나는 이렇게 대답한다.

"원래 그런 사람은 없어."

그렇다. 원래 그런 사람은 없다. 자신을 늘 지지해 주는 누군가가 있다는 믿음은 아이의 행동을 바꿀 중요한 요소이다. 아이의 자신감은 부모가 만든다.

$$B = f(P \times E)$$

위 식은 행동Behavior은 사람People과 그들을 둘러싼 환경Environment 간의 함수 관계를 보여준다. 심리학자 쿠르트 레빈Kurt Lewin에 의해 만들어진 이 공식은 환경은 사람의 행동을 결정한다는 뜻이다. 중학생이 되면 이전에 비해 공부 시간도 많이 늘어날 것이고 해야 하는 공부의 양도 많이 늘어날 것이다. 앞에서 말했듯이 성적표는 시험 점수에서만 드러나는 것이 아니기에 일상적인 환경에도 많은 변화가 필요하다. 공부에 집중하기 위해 휴대폰을 멀리 두거나 의도적으로 조용한 환경을 만드는 일이다. 그와 함께 심리적인 환경도 주의 깊게 살필 필요가 있다. 실제로 호기심을 격려하는 분위기, 부모의 교육적 관심, 전문 훈련을 받을 수 있는 환경 등이 창의성에 영향을 미친다는 결과도 있다.[16][17]

부모가 먼저 메타인지를 경험하지 않는 한, 아이가 메타인지를 활용해서 성장하기란 대단히 어려운 일이다. 아이가 잘못을 했을 때 잘못한 사실 자체에 너무 집중한 나머지 아이의 마음이나 상황을 물어보지 못하고 책임을 물은 적이 있는가? 길을 가다가 넘어진 아이에게 칠칠맞다며 핀잔을 준 경험, 아이가 실수로 바닥에 물을 쏟

앉을 때 엎어진 물을 닦기에만 집중해 아이의 놀란 감정을 살피지 못했던 경험을 떠올려 보자. 부모의 메타인지는 이런 상황에 요구된다. 일의 결과나 벌어진 상황에 대한 평가로 잘잘못을 가려내는 권위적인 태도는 좋지 않다. 반면 일어난 사실에 대한 인지와 알맞은 대처는 문제 해결 방법의 포인트가 된다. 부모는 대신 해주는 사람이 아니라 환경을 만들어주는 사람이다. 여기서 중요한 건 남들도 하니까 무조건 나도 해줘야 한다는 단순한 비교의식을 버리는 것이다. 메타인지로 접근하자. 나는 무엇을 해줄 수 있고, 무엇을 알고 있는가? 교육은 교육전문가에게, 놀이는 놀이전문가에게 맡기는 게 더 나을 수도 있다. 그러나 한 가지, 심리적인 관계는 오직 나만 만들어 줄 수 있는 중요한 환경이다.

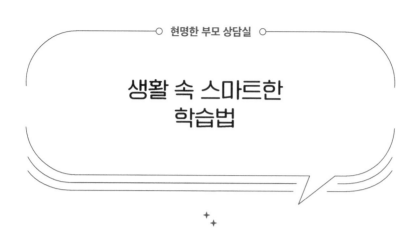

생활 속 스마트한 학습법

아침이다. 지난 밤 스마트폰에 설정해 둔 알람 소리를 듣고 눈을 뜬다. 그리고 모바일 메일 앱으로 메일을 확인하고 이어 포털 사이트의 간단한 뉴스를 훑어본다. 주중 일정 관리는 스마트폰 자체 스케줄러 기능을 이용한 지 꽤 됐다. 일정을 확인하고 나면 학생이나 학부모들과 메신저 앱으로 수업 관련 내용을 나눈다. 오후에는 스마트폰 은행 앱을 이용해 통장 내역을 확인하고 여유가 있는 날이면 화상 앱으로 강의를 듣거나 화상 미팅을 진행하기도 한다. 저녁에는 좋아하는 드라마, 영화를 보기 위해 OTT 앱을 이용한다. 물론 스마

트폰을 사용한다. 하루 종일 스마트폰과 함께 있다고 해도 과언이
아니다. 스마트폰은 분명 우리에게 간단하고 편리한 생활 양식을 주
었지만 나도 모르게 전자기기에 이렇게나 의지하게 되었다는 점이
새삼 놀랍다. 이런 '스마트한 생활'의 단점은 새어나가는 시간을 의
식하기가 어렵다는 점이다. 일상 중간중간에 SNS를 하는 것, 알고
리즘에 의해 소개되는 많은 영상을 계속 보게 되는 것과 같이 순식
간에 사라지는 시간이 있다. 가끔은 나도 스마트폰에 스크린 타임을
설정해야 하나 고민이 된다. 스마트폰, 태블릿 PC와 뗄 수 없는 이
시대의 다양한 디지털 도구를 활용한 학습은 분명 효과적이고 필수
불가결하다. 그렇다면 바람직한 스마트 학습의 모습은 무엇일까?

스마트한 스마트폰 활용법

일부 학교는 재학생에게 스마트폰 사용을 제한한다. 스마트폰 사용
으로 낭비되는 시간을 미연에 방지하기 위함이다. 한 학부모는 '스
마트폰은 성인만 사용할 수 있는 법이 생겼으면 좋겠다'고 강하게
어필했다. 충분히 이해가 된다. 하지만 스마트폰과 함께 나고 자란
아이에게 이제 와서 스마트폰을 제한할 수도 없는 노릇이다. 인지
심리학자 김경일 교수는 스마트폰을 손에서 놓지 못하는 아이는 스
스로 '나는 왜 스마트폰에 집착하는가?' 같은 질문이 필요하다고 했
다. 그래야만 스마트폰에 집착하는 습관을 고칠 수 있다고 말이다.[18]
　아이 스스로 질문을 통해서 자신을 돌아보는 메타인지의 자세는

필요하다. 아이에게 스마트폰을 무조건적으로 제한하기보다는 스마트폰 사용량을 조절할 수 있게 도와주자. 즉, 아이는 '스마트폰 사용하지 않기'보다는 '스스로 필요한 만큼만 사용하기'에 도전해야 한다.

가장 쉽게 적용하는 방법으로는 첫째, 스마트폰 사용 시간을 정한다. 그러나 이 방법은 스마트폰 금단 현상을 불러올 수 있다는 단점이 있다. 스마트폰을 사용하지 못하면서 갖는 불안감은 스마트폰을 사용할 수 있게 허락된 시간까지 지속될 것이다. 둘째, 스마트폰 사용 횟수를 줄이는 방법이다. 처음에는 크게 드러나는 효과가 없지만 스스로 사용 횟수를 인지하기 시작하면 효과를 느낄 수 있다. 처음에는 스크린 타임 앱을 이용해 실제로 자신이 스마트폰을 보는 횟수를 확인한다. 부모와 아이가 사용 횟수를 얼마만큼 줄일 것인지 합의하는 것만으로도 이미 반은 지킨 셈이다. 남이 정한 기준에 맞추어 무리한 약속을 하는 것보다 나의 스마트폰 이용 횟수를 수치로 확인하고 목표를 정하기 때문에 나와의 약속을 지킬 수 있는 확률이 높아진다.

 스크린 타임 활용하기

스크린 타임 앱을 이용해 나와 우리 아이의 스마트폰 사용량을 알아보자. 주로 어떤 앱을 많이 사용했는지 확인해 보자. 스마트폰 사용량을 줄여야겠다는 생각이 들었다면, 구체적인 계획도 나누어 보자.

• 스마트폰 사용량 확인하기

• 스마트폰 사용량 줄이기 계획

사고의 범위를 확장하자

교과서 내용이 어렵다는 아이가 꽤 많다. 이 경우 시험 기간에도 다를 바가 없어 문제를 제대로 이해하지 못해 틀리는 문제가 많다. 교과서나 시험 문제가 아이의 수준에 비해 어렵게 제공되는 걸까? 이 물음에 대한 사실은 아이의 문장 이해력에 있다. 많은 아이가 제 학년에 비해 문장을 이해하는 능력이 부족하다. 왜 그럴까?

어렸을 때부터 스마트폰, 태블릿 PC와 함께 자라온 요즘 아이들의 경우 디지털 기기를 접하는 연령이 낮아졌다.[19] 이에 뇌가 골고루 발달하지 못하는 세대라는 문제점이 빈번하게 제기된다. 짧은 글과 사진, 영상에만 익숙해진 스마트폰 세대는 긴 글을 읽는 것을 어려워하며, 심지어는 글에서 전하고자 하는 의미를 제대로 파악하지 못한다.

결국 단어를 얼마나 아는지는 중요하지 않다. 학년이 올라가면서 그에 맞게 '사고의 범위'도 확장되어야 한다. 사고의 범위를 확장하는 데에는 '독서'만한 것이 없다. 아이는 책을 읽으면서 글의 맥락에 포함된 단어의 의미를 이해하고, 각 단락 속에서 새로운 정보를 획득할 수 있다. 그러나 현실에서는 독서의 중요성이 크게 부각되지 않는다.

"공부하기에도 시간이 부족한데 책을 왜 읽으라고 해요?"

어쩌면 솔직하고 현실적인 질문일수도 있겠다. 다행히 책을 읽어야 하는 다른 이유가 있다. 독서는 스트레스 해소에 도움을 주는 행위로 밝혀졌다. 영국의 서식스 대학교 인지신경심리학 데이비드 루이스 박사 연구팀은 책을 6분 정도 읽을 경우 스트레스는 68% 감소하고 심장박동수는 낮아지며 근육의 긴장은 풀린다는 결과를 밝혀냈다. 독서를 통해 입력되는 정보는 뇌의 시냅스 형성을 자극하여 뇌질환에 대한 면역력을 높여 줄 뿐 아니라 스트레스 해소에도 도움을 준다니, 책을 안 읽을 이유가 없지 않은가?[20]

책을 잘 읽고 이해했다면 독후 활동으로 읽고 이해한 내용을 정리하는 과정도 중요하다. 많은 책을 빠르게 읽는 것만이 중요한 것이 아니다. 독후감 형식으로 글로 정리해도 괜찮지만 그림이나 시처럼 다양한 방법으로 표현하는 것도 추천한다. 생각을 정리하고 전할 수 있다는 어떤 방법이든 상관없다. 이처럼 독서로 배운 것을 나눌 수 있다면 아이의 글 읽기는 더이상 힘겨운 과정이 아닐 것이라고 나는 확신한다.

스마트한 학년별 독서리스트와 독서법

• 초등학생
- 학년 추천도서(장편 동화)를 소리내어 읽기
  : 읽는 속도가 빠른지 느린지 확인이 필요한 시기
- 읽고 난 후 이해한 내용을 말로 전달하기
  : 내용을 이해하고 읽고 있는지 확인이 필요한 시기

• 중학생
- 중등 추천도서(현대 단편소설, 청소년 소설)를 기간을 정해 읽기(2주에 한 권)
  : 이해하며 천천히 읽기
- 교과서 읽기
  : 교과 과목과 독서의 경계를 허물기, 지필고사 부담 줄이기

• 고등학생
- 모의고사 지문(고전 시, 현대 시, 고전 소설, 현대 소설, 설명문, 논설문 등) 위주
  로 읽기
  : 수능을 대비하며 지식 늘리기
- 노트에 필사하며 읽기
  : 내용을 정확히 파악하며 입체화하기, 어려운 어휘 확인하기

3부

현명한
부모의 완성 :

:
자존감

1장

왜
자존감일까?

자존감이 높은 아이는
문제를 해결하는 능력이 높은 아이일 확률이 높다.
학습의 결과가 자신의 통제 위에 있다고 생각하기 때문이다.
즉 자신의 지식 활동을 통제, 조절하는
능력이 높은 아이일수록 학습 능력이 높아진다 .

나를 대하는 태도

틀리는 것은 두려운 일일까? 우리 아이는 틀리는 것을 무서워하는가? 같이 공부를 하다보면 꼭 틀리는 것을 두려워하는 아이가 있다. 틀리는 것을 두려워하는 아이는 문제를 열심히 풀어놓고도 계속해서 내 눈치를 본다. 문제가 틀렸을까봐 쭈뼛거리는 아이의 모습을 보면 나 역시도 마음이 좋지 않다. 문제에 대한 태도는 곧 학습 태도로 이어진다. 아이의 자존감에 대한 나의 관심은 오래된 경험에서 얻은 나름의 결과다.

내가 만난 자존감이 높은 아이들은 주로 학습에 대한 태도가 남

달랐다. 자존감이 높은 아이는 새로운 개념을 배울 때도 틀릴까봐 망설이지 않는다. 오히려 새로운 유형의 문제 앞에서 풀이 과정을 흥미롭게 관찰하는 모습을 보인다. 더구나 새로운 문제를 풀다가 틀리면 어느 부분에서 실수가 있었는지를 확인하고 다시 그 문제를 풀기 위해 돌진한다. 틀린 문제에 대해 오기가 생기는지 어떻게든 끝까지 해결해 보려는 의욕을 보이기도 한다. 심지어 시험을 망쳤어도 컨디션을 회복하는 데에 그리 긴 시간을 필요로 하지 않는다. 이런 경험을 하다 보니 아이의 자존감에 관심을 가질 수밖에 없었다. 원래 자존감 높은 사람이 따로 있는 것은 아니다. 즉 자존감은 성장하며 형성되며 살아가면서 얼마든지 변할 수 있다. 어떻게 하면 우리 아이를 자존감 높은 아이로 키울 수 있을까?

공부의 완성은 자존감

자아
실현의
욕구

존중의 욕구

애정과 소속의 욕구

안전의 욕구

생리적 욕구

심리학자 에이브러햄 매슬로우Abraham H. Maslow에 따르면 자존감은 인간의 기본 욕구 중 하나이다. 자존감이 높은 사람은 새로운 것에 대한 호기심과 도전하고 싶은 마음이 강하다. 실패에 대한 두려움이 있더라도 크게 작용하지는 않고 오히려 실패를 경험하면서 성공하는 다양한 방법을 알아가는 시간을 얻는다고 생각한다.

중학교 1학년 학생과 수학 수업을 하던 중이었다. 아이는 평소처럼 문제를 풀다가 계산 실수를 발견했는지 작게 혼잣말을 했다.

"으이그, 내가 그럼 그렇지."

내게 들리지 않을 거라 생각했는지 아이가 작게 속삭인 말은 내 귀에, 내 마음에 콕하고 박혔다. 평소에 내가 알던 이 아이는 늘 자신감이 넘쳤기에 그 상황이 더 충격적이었는지 모른다. 나는 학생을 차분히 관찰했다. 그리고는 같은 유형의 문제를 다시 풀어보기를 권했다.

"연우야, 틀려도 괜찮아. 틀려야 선생님이 다시 알려줄 수 있지."

그리고 앞으로는 혼자 있을 때라도 방금과 같은 말은 절대 하지 않기로 다짐을 받고 수업을 마쳤다. 이 날 이후 아이는 많이 변했다. '내가 그럼 그렇지'라는 말 대신에 '틀려도 괜찮아'라고 되뇌는 아이를 보며 많은 생각이 들었다.

어느 날 수업을 위해 만난 연우의 눈빛에서 지난 시간과는 다른 분위기를 느꼈다. 코로나가 심했던 시기라 마스크를 쓰고 있었지만 마스크 위로 보이는 눈빛에서 나는 아이에게 무슨 일이 있음을 분명히 느낄 수 있었다. 수업을 시작하기에 앞서 연우에게 마음이 어떤지 물었다.

"연우야, 지금 마음이 어때?"

연우는 깜짝 놀란 듯했다. 생각지도 못한 질문에 놀란 모양이었다.

"안 좋아요. 그런데 어떻게 아셨어요?"

아이는 어느새 놀란 표정을 거두고 학교에서 있었던 친구들과의 이야기를 펼쳐놓기 시작했다. 형식적인 숙제 검사나 '주말에 잘 지냈니?' 같은 틀에 박힌 인사대신 아이의 일상과 기분을 확인하고 시작한 그 날의 수업은 아이와 나를 한 뼘 더 가까워지게 했다.

나는 아이에게 어른의 권위적인 모습을 보이기보다는 상황에 따른 리액션을 적절히 하려고 노력한다. 이러한 자세는 아이와의 관계에서 어떤 것보다 파워풀하다는 것을 말하고 싶다. 사실 수업 진도를 위해서 그냥 넘어갈 수도 있을 만한 일이었다. 하지만 아이가 아무렇지 않게 하는 혼잣말도, 마스크에 가려진 찰나의 눈빛이라도 놓치지 않은 이유가 있다면 그것은 바로 아이의 자존감 때문이다. 자신에게 집중하는 누군가가 있다는 사실을 알려주고 싶었다. 감정 변화나 행동에 대한 적절한 반응은 관계는 물론 아이의 자존감에도 영향을 준다. 아이는 누군가가 자신의 감정을 살피며 질문하고 자신의 이야기를 들어주는 경험을 하면서 다른 사람이 자신을 보고 있고 또, 자신이 이해받고 있다고 느끼게 된다. 마음을 살피는 진실한 교감은 아이의 자존감을 높이기에 충분하다.

때로 아이는 자신의 감정조차 확실히 알지 못할 때가 있다. 순간의 감정에 휩싸여 감정의 종류를 미처 인식하지 못하고 지나가기 쉽다. 아마 내가 아이에게 마음이 어떤지 물어보지 않았다면 아이는 짜증난 채로 하루를 보냈을 수도 있다.

자존감이 높은 아이는 문제를 해결하는 능력이 높은 아이일 확률이 높다.[21] 학습의 결과가 자신의 통제 위에 있다고 생각하기 때문이다. 즉 자신의 지식 활동을 통제, 조절하는 능력이 높은 아이일수록 학습 능력이 높아진다.

조건부 사랑

생각해보면 내 어린 시절도 지금 아이들과 별반 다르지 않았던 것 같다. 나는 늘 좋은 아이로 인정받기 위해 노력했고 부모나 교사가 제시하는 조건에 맞는 아이가 되고자 애썼던 기억이 있다. 왜 그래야 하는지 먼저 생각하기보다는 하라고 하는 일을 그저 하는 것이 당연하다는 듯 받아들여졌던 시대 분위기 탓도 해본다. 당시 어머니의 아침 배웅 인사는 '선생님 말씀 잘 듣고, 알았지?'로 시작했고 학교에서는 '말 잘 듣는 아이'만이 우등생 대접을 받았다. 하지만 수동적인 학생의 모습이 우등생의 조건이 아니라는 것은 모두가 알고 있다. 나는 요즘 아이들은 '선생님 말씀 잘 듣는 학생'보다 '질문을 많이 하는 학생'으로 성장하기를 바란다.

> (말 잘 들으면) 너는 좋은 아이야
> (다른 애들만큼만 하면) 너는 훌륭해
> (공부 잘하면) 다 해 줄게
> (지금보다 좀 더 잘하면) 너를 사랑해 줄게

교육 전문가 김지영 교수는 부모나 교사에게 인정받기 위해 애쓰는 아이들의 현실을 꼬집었다.[22] 시대가 달라지고 인재가 달라지는데 부모들은 여전히 자신의 살았던 시대의 성공만 붙잡고 대학과 성적을 요구한다. 그러나 앞으로 아이들이 살아갈 시대는 성적보다 창조적 아이디어가 중요하며 취업보다 창직이 중요해질 것이다. 또한 김지영 교수는 성장의 동력이 되는 내면의 능력 즉 '자기력'을 강조하는데 이는 자존감으로 이어진다.

> 이렇게 혼란스러운 시대에는 자신의 정체성과 능력, 가치를 분명하게 아는 강인한 자아(Self)가 필요하다. 외부에서 안정을 찾을 수 없다면 스스로 내면을 만들어내야 한다. 따라서 자존감이 낮은 사람들에게는 특히 힘든 시대이다.
>
> 김지영, 《다섯 가지 미래 교육 코드》, p. 86

조건부 관계는 건강한 관계가 아니다. 어른 말을 잘 들어야만 좋은 아이이고 말을 안 듣는 아이는 나쁜 아이라는 가르침은 바른 훈육이 아닐뿐더러 아이가 주도적으로 행동할 기회를 뺏는다. 아이는 모두에게 그 존재 자체로 인정받아야 한다. 말을 잘 듣든지, 공부를 잘 하든지, 취업을 잘 하든지 등의 조건이 동반되는 인정과 칭찬은 아이의 자존감을 무너뜨릴 뿐이다.

혹시나 원하는 결과를 얻지 못했을지라도 아이는 실패한 것이 아니다. 아이가 실패했다고 생각하더라도 그 생각을 바꾸어 주어야 하는 것이 부모의 역할이다. 아이는 스스로 어떤 부분을 잘했고 못했는지, 다음 기회가 왔을 때 어떤 준비가 필요한 것인지를 고민하고 성장할 수 있으면 된다. 앞서도 말했지만 부모는 환경을 만들어 주는 사람이다. 아이의 실패를 실패라고만 규정하게 놔두지 말자. 아이는 실패를 통해 자란다. 성공만 자존감을 높이는 것이 아니다. 실패 속에서도 자존감은 함께 자란다.

성적 향상과
자존감의 연결고리

평범한 부모는 아이의 성적에 반응하지만, 현명한 부모는 아이의 자존감에 반응한다. 아이의 자존감을 키우는 방법은 어떤 것이 있을까? 여러 가지 중요한 것들이 있겠지만 제일 중요한 네 가지는 기다려주기, 자기조절력 키우기, 속도보다는 방향을 선택하기, 결과로만 평가하지 않기다.

기다려 주기

누군가는 '기다리는 게 뭐가 어려워?'라고 말할 수도 있겠지만 '기다리기'만큼 어려운 게 없다. 한 번이라도 아이의 속도에 맞게 '기다려 본' 부모님이라면 알 것이다. 흔히들 아이가 스스로 하는 것을 지켜보다가 못 참고 '아이, 답답해!'하며 아이 대신 모든 일을 나서서 해주는 부모가 있다. 같은 예로 아이의 속도를 기다리지 못하고 한 마디 말로 단번에 문제를 해결해 버리는 부모도 있다. 아이는 열심히 고민할 기회를 순식간에 놓쳐 버린다. 부모는 당장의 문제를 해결했다고 생각하지만 아이는 더 성장하지 못하고 여전히 제자리에 머문다.

부모는 '엄마, 아빠가 너를 믿고 있어'라는 마음이 전달될 수 있도록 격려하며 차분히 기다려 주어야 한다. 아이는 자신에게 주어진 '틀릴 수 있는 경험'을 마음껏 누릴 필요가 있다. 실패하고 성공하는 과정 속에서 아이는 자신이 무엇을 잘하고 있고, 무엇을 못하고 있는지를 아는 메타인지를 경험하며 자존감 또한 높아질 것이다.

 **기다림의 중요성**

최근 누군가를 기다려 주었으면 좋았을 걸 하는 순간이 있었는가?

자기조절력 키우기

나는 부모 코칭을 진행할 때마다 앞에서 소개했던 모건 스콧 팩의 《아직도 가야할 길》을 강력히 추천한다. 이 책에는 아이를 양육하는 여러 순간에 큰 도움이 될 것이라 확신한다. 게다가 부모 스스로를 돌아볼 수 있는 내용도 많다.

> 어느 경우든지 문제를 처리하는 과정에서 생기는 정당한 고통을 피하려 하면 역시 문제를 통해 우리가 얻을 수 있는 성장을 놓치게 된다. 우리가 만성적인 정신병 상태에서 더 이상 성숙하지 못하고 정체되는 것이 바로 이러한 이유 때문이다. (중략) 그러므로 우리 자신과 자녀들에게 정신적 영적으로 건강해지는 법을 늘 가르치도록 하자. 고통을 겪는 것은 그만한 가치가 있으며, 문제에 직면하고 그에 따르는 고통을 겪을 필요가 있다는 것을 알게 하자는 뜻이다.
> (중략) **"즐거움을 나중으로 미루는 것은 삶이 주는 고통과 즐거움을 맛보는 순서를 정한다는 것이며 이렇게 먼저 고통을 맞고 겪고 극복함으로써 즐거움은 배가 된다."** (굵은 글씨는 필자)

특별히 '즐거움을 나중으로 미룰 수 있는가?'라는 질문은 정말 많은 것을 생각하게 한다. 즐거움을 뒤로하고 해야 할 일에 집중하는 아이는 주도적으로 학습 방향을 이끌어갈 확률이 높다. 위에서 말하는 것처럼 고통을 겪을 필요를 경험했기 때문이다. 지금 해야 할 일들이 있는데 즐거움을 먼저 맛보고 해야 할 일을 나중으로 미루는 생활 습관은 아이들만의 문제는 아니다. 아이에게는 핸드폰을 사용하지 말고 공부하라고 하면서 정작 부모가 보여주는 모습은 그와 반대라면 아이 입장에서는 부모에 대한 신뢰가 떨어진다. 그리고 아이 스스로 유혹을 다스리는 방법을 알려는 노력조차 하지 않을 것이다. 아이는 결국 중요한 순간에 자기조절에 실패할 지도 모른다.

메타인지를 잘 사용하려면 지금 내가 집중할 일이 어떤 것인지 알아차리는 것이 매우 중요하다. 이때 자기조절력이 강하게 발휘되는데, 이 힘은 우선순위대로 일을 실천할 때 정서가 혼란스럽거나 불안하지 않게 한다. 놀고 싶은 마음, 쉬고 싶은 마음이 있어도 우선적으로 처리할 일들을 먼저 마무리 하고 그 후에 달콤한 시간을 자신에게 보상으로 줄 수 있는 자기조절력의 중요성은 아무리 강조해도 지나치지 않는다.

자기조절력을 키우는 습관

자기조절력을 키우기 위해서 실천할 수 있는 생활 습관에는 어떤 것이 있을까? (2부 3장의 **자기주도학습 4단계 실행법**을 기준으로 생각해보자.)

1단계 현재 파악하기

2단계 공부 설계하기

3단계 실행계획 실천하기

4단계 피드백 점검하기

속도보다는 방향을 선택하기

자존감이 높은 아이는 문제를 풀 때 답이 쉽게 나오지 않더라도 불안해하지 않는다. 반면 자존감이 낮은 아이는 학습 진행 속도가 늦어지면 불안해하고 주변과 비교하며 눈치를 살핀다. 다시 말해, 자존감이 높은 아이는 자신의 목표와 현재 위치를 정확히 알고 자신이 어디쯤 도달해 있는지를 잘 파악한다. 그래서 진행 속도가 느리더라도 불안해하지 않는다.

요즘 SNS 속 다른 사람의 모습과 자신을 비교하는 아이가 부쩍 많아졌다. 비단 아이만의 문제가 아니다. 자신의 삶의 방향을 정확히 아는 사람은 타인과 비교하지 않는다. 그리고 스스로가 정해놓은 목표를 향해서 달린다. 유명한 메이저리그 야구선수인 오타니 쇼헤이는 이미 고교시절 19세부터 40세까지 해마다의 목표를 세웠고, 놀라운 건 그것을 앞당겨 달성하고 있다는 점이다. 자기 자신을 잘 알고 있고, 구체적으로 목표를 세운 덕분이다. 목표에 가까워지는 것은 어쩌면 당연한 결과가 아닐까.

내가 추구하는 목표

나는 현재 어떤 목표를 추구하는가? 그리고 나는 그에 맞는 방향으로 가고 있는가?

• 내가 추구하는 목표

• 목표에 가까워지기 위한 노력

결과로만 평가하지 않기

당연한 말이지만 모든 부모는 시험 결과에 관심이 많다. 어떨 때는 아이가 가진 잠재력이나 아이의 고유한 특성보다 성적표가 우선시되는 것 같아 씁쓸하다. 목표한 점수가 잘 나오면 다행이지만 그렇지 않을 때는 모두가 난감해진다. 점수를 너무 강조하다보면 아이는 '몇 점짜리 학생'으로 전락해버린다. 최악의 결과만은 막기 위해 시험 준비 과정을 세세히 살펴야 한다.

결과는 중요한 지표임에 틀림이 없지만 과정은 더욱 중요하다. 목표를 이루기까지의 과정은 방향을 결정한다. 학습 계획표를 잘 사용했는지, 복습은 어떤 방법으로 몇 회 가량 했는지, 수업 내용 정리는 정확히 잘 했는지, 문제집은 어느 범위까지 풀었는지, 시험지 분석은 했는지 같은 무수한 과정을 하나하나 보면 아이의 노력과 성장이 보인다. 결과에서는 찾아보기 어려운 부족한 부분과 실수로 놓친 부분도 과정에서는 살펴볼 수 있다. 과정 하나하나의 성공을 경험하면서 아이는 마침내 목표의 성공까지 바라볼 수 있는 자존감 높은 아이로 성장한다. 아이가 원하는 결과를 얻지 못했을 때 오히려 부모는 아이가 이루어 낸 과정을 짚어줄 수 있어야 한다. 말 한마디가 아이의 삶을 바꾸어 놓을지도 모른다.

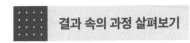

최근 우리 아이에게 일어난 일의 결과를 적어보고, 그 안의 과정을 꺼내
보자.

결과	(예) 수학 점수 80점
과정	(예) 수학 공부 계획표 작성 교과서 개념 정리 문제집 풀기

불필요한 희생은
이제 그만

사춘기 자녀와 갱년기 부모가 싸우면 누가 이길까? 우스갯소리지만 오죽 답답하면 이런 말까지 생겨났을까? 아이가 사춘기에 접어들게 되면 부모는 아이와 맞서 싸워야 할지 아니면 아이를 살살 달래가 며 최대한 갈등 없이 지내야 할지 첫 고민에 빠진다.

평범한 오후 어떤 식당을 방문했을 때의 일이다. 초등학교 고학 년 즈음 되어 보이는 아이들을 데리고 각각 식사하는 두 가족이 보 였다. 한 가족 중 첫째로 보이는 아이는 휴대폰 때문에 식사에 집중 하지 못하는 것 같아 보였고, 그래서인지 전체적인 식사 분위기가 어수선했다. 형이 식사에 집중하지 못하니 둘째로 보이는 남자 아이 또한 휴대폰 게임에만 몰두해 있었다. 게임에 몰두한 형제의 부모는 아이들을 달래가며 억지로 밥을 먹였다. 제 스스로 식사를 할 수 있 는 나이임에도 불구하고 아이들은 아기 새처럼 입만 벌려 밥을 받 아먹었다. 그렇게 아이의 식사를 챙기는 동안 부모는 당연히 밥을 먹는 둥 마는 둥했다. 반면, 반대편에 앉은 가족의 경우는 달랐다. 그 가족의 아이들 또한 얼핏 봐도 오른쪽 아이들과 비슷한 연령대로 보였지만 부모의 자세는 달랐다. 아이들의 어수선한 상황은 같았지만, 부모가 나서서 아이의 식사를 챙기지는 않았다. 단지 '식사 시간에는 식사에 집중해야지', '집에 가서 배고프다고 해도 소용 없어' 같은 말을 한두 마디 더했을 뿐이었다. 부모의 말이 떨어지자 아이들은 휴대폰에 집중하던 눈을 거두고 식사에 집중했다. 그 짧은 상황만 보아도 양쪽 가정의 교육방식 차이가 확연히 드러났다.

요즘은 어느 식당에 가든 아이에게 쩔쩔매는 부모의 모습을 흔하게 볼 수 있다. 20년 가까이 학생을 만나는 직업을 가졌다보니, 자연스레 아이에게 시선이 가곤 하는데 그럴 때마다 무조건적인 부모의 **불필요한 희생**이 마음에 걸린다.

사춘기 아이에게 더 세심한 배려가 필요한 것은 사실이지만, 자칫 잘못하다가는 아이와의 관계가 틀어지기 십상이다. 사춘기 아이를 어떻게 해야 할지 모르겠다고 고민을 호소하는 부모님들께 중요한 몇 가지 팁을 알리고자 한다.

첫째, 규칙을 정하자. 가족회의를 하면서 규칙을 정할 때 중요한 것은 최대한 서로의 솔직한 마음을 털어놓는 것이다. 편지나 메모 등을 통해 미리 할 말을 준비하고, 회의 시간에 나온 말에 대해서는 일체 화내거나 반박하지 않기로 하자. 가족이라는 울타리 안에서 아이는 소속감을 느끼고 자녀의 역할과 부모의 역할을 확인하며, 건강한 의사소통을 이룰 수 있다. 단, 상대가 지켜야 할 부분을 정해주는 것은 오히려 역효과를 가져올 수 있으니 절대 하지 않는다. 서로가 약속한 바를 잘 실천하도록 서로를 응원하고 도와가며 아이는 부모와 신뢰를 쌓을 수 있다.

둘째, 작심삼일作心三日도 괜찮다. 우리에게 알려진 작심삼일의 뜻은 마음먹은 일이 사흘을 가지 못한다는 의미를 갖는다. 꾸준히 하지 못하는 모습을 비유하는 말이다. 하지만 우리는 이 사자성어를 다르게 받아들여보자. 생각해보면 3일 동안 꾸준히 한 가지 일에 집중한 아이에게는 또 새롭게 3일 집중할 수 있는 능력이 있다고 볼 수 있다. 단, 다음 3일을 이어서 할 수 있도록 부모의 응원이 필요하다. 작심삼일을 열 번만 반복하면 한 달이 된다. 어떤 목표든 처음부터 꾸준히 하는 사람은 극히 드물다. 조금씩 할 수 있는 날들을 이어가다 보면 어느새 목표에 가까워질 수 있다.

마지막으로 잘하든 못하든 아이의 계획에 너무 개입하지 말자. 부모로서 지켜보고 있자니 답답한 마음에 섣불리 개입하는 경우가 많다. 그러나 아이의 행동이 마음에 안 들고 답답해 보여도 이 또한 아이의 몫인 것이다. 부모가 개입해서 좋은 결과를 만드는 것은 부모의 애씀이지 아이의 노력이 아니다. 오히려 아이는 자신만의 실패 경험이 쌓여 목표를 이룰 수 있는 노하우를 축적하게 된다. 현명한 부모라면 아이가 실패할 권리까지 존중한다.

아이를 향한 무조건적인 사랑과 이해는 아이를 위하는 양육이 아니라고 말하고 싶다. 아이는 사랑과 이해만으로 자랄 수 없다. 아이에게 무조건적인 사랑과 이해보다 필요한 것은 더 나은 길로 나아갈 수 있는 부모의 배려다.

2장

자존감으로
연결하라

칭찬이 무조건 아이의 자존감을 높이는 것은 결코 아니다.

칭찬은 결과보다 과정을 응원하는 것임을 잊어서는 안 된다.

아이는 일상의 모든 과정에서

칭찬 받아 마땅할 고유한 강점이 있다.

자존감으로 연결하는 연습 : 객관화하기

아직도 0교시 자습이나 야간 자율 학습이 있는 학교가 많다. 거기에 학원이나 과외까지 하면 아이는 꿈꿀 시간이 부족하다. 그나마 숨 쉴 틈을 느낄 수 있는 동아리 활동조차도 생활기록부 작성을 위한 수단으로 변해버렸다. 그렇게 대학에 입학한 새내기 학생들은 자기 발견의 시간이 당연히 부족할 수밖에 없다. 대학 진학을 위해 쉼 없이 달려온 긴 시간 동안 자신과의 대화 경험이 적은 탓이다.

"선생님, 저는 지금 잘 살고 있는 걸까요?"

마냥 즐거운 대학생활을 즐기고 있을 거란 기대와 달리, 대학에 갓 진학한 제자가 털어놓은 고민에 안쓰러운 마음이 들었다. 내가 잘 살고 있다는 것은 어떻게 알 수 있을까? 자신과의 대화가 절실히 필요한 시점이다. 매일 아침 하루를 시작할 때 오늘 나의 기분과 감정, 컨디션을 살피는 습관은 나에게 질문을 건네는 가장 쉬운 시도이다. 나의 상태를 확인하는 것은 마치 핸드폰의 배터리 잔량을 확인하는 것과 같다.

"지금 여러분의 내면은 어떤 상태일까요?"

비슷한 고민을 가진 청년들에게 본인의 내면 상태에 대해 물었을 때 보이는 반응은 거의 비슷하다. 마치 오래된 무언가를 떠올리는 듯 아리송한 표정이다. 자신이 잘하는 것과 못하는 것에 대해 생각해보고, 내가 아는 내 모습과 남들이 말하는 내 모습의 차이도 살펴보면 비로소 '아하'하는 표정으로 바뀐다. 결국 나를 잘 알아야 나를 잘 사용할 수 있다.

다음의 내용은 직접적으로 자존감을 높이는 방법은 아니지만, 자녀 교육이 그저 성적 향상에서만 그치지 않고 아이의 인성, 특히 자존감을 높이는 데까지 나아가게 하는 데 도움을 주는 필수 과정이다.

객관적 관찰의 중요성

"선생님, 제 아이는 제가 제일 잘 아는데요. 꼭 그렇지는 않아요."

많은 부모님들은 아이에 대해 누구보다 잘 알고 있다고 자부한다. 실제로도 그럴까? 중학교 3학년 학생을 둔 어머님은 평소 아이와 별 문제 없이 지내다가도 한순간에 크게 다투는 게 고민이라고 했다. 아이와 어머님을 만나는 첫 날, 6주간의 2:1 코칭을 마치고 서로에게 기대되는 모습을 나누었다. 이후 아이는 아이대로 어머님은 어머님대로 1:1 코칭을 진행했다. 역시나 동상이몽同床異夢이었다. 아이는 부모님과의 대화에 부담을 느끼고 있었지만 일을 크게 만들고 싶지 않아 그저 들어주는 데 익숙해져 있었다. 실제로 대화 주도권은 어머님에게 있었다. 대부분의 경우 어머님이 아이를 지적할 때 그들의 '대화'는 시작되었다. 아이는 그 시간을 대화라고 생각하지 않았다. 결과적으로 크게 의미가 없는 대화였다.

문제는 성격 유형 검사에서도 드러났다. 검사 결과 어머님은 판단형(J), 아이는 인식형(P)이었다. 판단형(J)인 어머니는 공부를 위한 계획이 세워져 있어야 공부를 시작하는 성격이었다. 뭐든 미리 하는 것이 마음 편한 어머님은 아이가 공부하기 전 책상 정리도 미리, 등교도 미리 하길 바라셨다. 반면 아이는 인식형(P)으로 필요한 물건은 그때 그때 찾기 좋게 눈에 띄는 곳에 두는 편이었고 공부 계획도 그 날의 컨디션에 따라 조절하며 효율적으로 공부하길 원했다. 실제로 아이의 성향에 맞춘 공부 방법이 성적 향상에 도움이 되기도 했다.

이 작은 차이는 일상의 문제를 일으켰다. 아이는 학원 숙제를 하고 있었고 한 문제가 잘 풀리지 않아 시간이 꽤 지체되었던 모양이다. 어쩔 수 없이 학습 계획표에 정해놓은 시간을 훌쩍 넘기게 되었고 그 모습을 본 어머님은 계획표대로 생활하지 않는 아이를 나무라셨다고 한다. 아이는 나름의 계획으로 공부하면서 예상치 못한 변수를 헤쳐 나가는 중이었는데 어머님의 꾸지람에 더 이상 잘하고 싶은 마음이 사라졌다고 했다.

두 사람에게 딱 맞는 확실한 해결책이 있었다. 성격이 너무 다른 두 사람을 위해 나는 앞으로 서로의 입장이 되어 생각해보는 것을 제안했다. 판단형(J) 어머님은 상황에 맞게 적용하는 인식형(P) 아이의 공부 방법을 존중하고, 인식형(P) 자녀는 어머님이 하는 말이 어떤 의도를 가졌는지 성격 유형의 관점에서 이해할 필요가 있었다. 각자 서로의 성격을 확인하고 생활 방식에 대한 자세를 이해하니 더 이상 오해나 갈등이 생기지 않았다. 서로의 상황과 마음을 먼저 알아주는 것, 그것은 매우 중요한 대화의 시작이 되었다.

마지막으로 어머니께 아이의 공부 방식을 존중해 달라고 말씀드렸다. 부모님의 성격을 아이가 그대로 닮으리란 보장은 없다. 부모로서 아이에 대해 다 알고 있다고 자만하는 것은 어리석은 일이다. 현명한 부모일수록 '성격 유형 검사'나 '강점 검사'같은 도구를 활용해 내가 알고 있는 아이와 객관적인 검사로 드러나는 아이의 모습을 확인한다. 세상에 단 하나뿐인 우리 아이는 존재 자체로 존중 받을 때 성장가능성이 높아진다.

자존감으로 연결하는 연습 : 강점 전략

앞서 다룬 중학교 3학년 아이의 어머니는 사전 상담에서 '평소 아이와 소통이 잘 되는 편'이라고 말씀하셨다. 상황을 자세히 들여다보고 나서야 어머님이 말하는 소통이 'TV나 유튜브 영상을 함께 보며 웃곤 했던 일'이라는 것을 알게 되었다. 어머님이 소통이라고 생각하고 진행했던 아이와의 대화는 일방적이었으며 소통이 잘 되고 있다고 생각하는 오류가 더해져 상황은 더 걷잡을 수 없어졌다.

상대를 이해하고 공감하는 것은 대화의 시작이 된다. 하지만 공감만 한다고 해서 모든 것이 바뀌지는 않는다. 공감은 대화의 시작은 될 수 있지만 마무리는 아니기 때문이다. 아이를 객관적으로 이해하면서 아이와 한 뼘 더 가까워진 이때, 어떤 대화가 아이의 자존감을 높일 수 있을까?

사실 부모라고 해서 아이에게 먼저 대화를 건네는 것이 쉽지는 않다. 아이와 대화는 하고 싶은데 대화의 물꼬를 어떻게 터야 하는지 몰라 무조건적인 칭찬과 격려를 남발하는 분들이 있다. 이런 분들이 놓치는 것은 바로 칭찬의 포인트를 '결과'에만 두는 것이다. 결과적인 칭찬을 하려고 하다 보니 '칭찬할 거리'가 없어 억지 칭찬으로 대화를 꾸역꾸역 이어나가게 된다.

"이것도 겨우 생각해 낸 칭찬이에요."

칭찬이 무조건 아이의 자존감을 높이는 것은 결코 아니다. 칭찬은 결과보다 과정을 응원하는 것임을 잊어서는 안 된다. 아이는 일상의 모든 과정에서 칭찬 받아 마땅할 고유한 강점이 있다.

강점으로 칭찬하기

사람은 약점을 보완해 강점으로 만들어 완벽한 사람이 되려고 한다. 하지만 강점 진단 도구를 만든 도널드 클리프턴Donald O. Clifton은 '약점은 절대 강점이 될 수 없다'고 주장하며 성공하기 위해서는 나만의 강점을 알고 극대화시켜야 한다고 이야기한다. 클리프턴의 강점 검사는 34개의 테마로 분류한 사람의 재능 중 가장 강력한 강점 다섯 가지를 파악할 수 있다. 그리고 자신의 강점을 명확하게 파악할 때 일의 효율은 두 배 이상 증가함을 알 수 있다.[23]

　다음은 갤럽 공식 홈페이지store.gallup.com에서 진행한 나의 강점 검사 결과이다. 나의 상위 5개 강점 테마는 ① 발상 ② 배움 ③ 전략 ④ 책임 ⑤ 최상화로 나타났다. 나의 첫 번째 강점인 '발상'은 여러 아이디어의 연결고리를 찾는 것을 좋아하는 나의 성격이 그대로 드러났다. 발상 테마가 높은 사람은 소소한 아이디어가 가져오는 일상의 작은 변화를 좋아한다. 실제로 내 머릿속을 가득 채우는 풍부한 생각은 나를 즐겁게 한다. 두 번째 강점인 '배움'은 내가 배우는 것을 무척 좋아하고 그 과정을 즐기는 사람이라는 사실을 일깨운다. 배움 테마를 강점으로 갖는 사람은 익숙하지 않은 정보에도 위협을 느끼지 않는다. 가끔 내가 연구나 학습에 몰입할 때 시간가는 줄 모르고 집중하는 모습이 떠올라 신기했다. 나의 세 번째 강점인 '전략'은 혼돈에서 벗어나 최선의 길을 찾는 능력이다. 이 테마가 높은 사람은 복잡하게 보이는 패턴 속에서도 길을 발견하고 아이디어가 한낱 몽상으로 전락하지 않도록 전략적 사고를 발휘한다. 이런 사람의 경우 이성적으로 설명하지 못하는 일도 직관적인 통찰력으로 예상하고 예측이 가능하다. 내가 가진 네 번째 강점은 '책임'이었다. 실제로 나는 하겠다고 한 것은 끝까지 책임을 진다. 때로는 남을 도와주고 싶은 마음에 이끌려 감당할 수 없을 만큼 너무 많은 일을 떠맡을 수도 있다. 책임 테마가 강점인 사람은 거절하는 것도 책임지는 것의 한 부분임을 알고 유의해야 한다. 마지막 다섯 번째 강점인 '최상화'는 강점을 갈고 닦아 최상의 수준으로 끌어올리고 싶어하는 나의 성격을 나타냈다. 나의 '최상화'는 나와 동시에 다른 사람에게도 적용되어 타인의 성공을 돕는 역할을 좋아하는 점을 꼬집었다. 코칭이나 경영, 멘토링 등의 다양한 분야에서 최상화 테마는 최고의 능력을 펼칠 수 있다.

사람은 저마다의 능력과 강점이 있다. 단지 자신의 강점을 알고 개발하는 것만으로도 인생의 큰 변화를 가져올 수 있다. 부모는 아이가 가진 강점을 파악하고 극대화할 수 있도록 도와줄 수 있어야 한다. 우리 아이에게는 어떤 강점이 있을까? 무조건적인 칭찬이나 조언이 쓸모없는 것처럼 아이의 성향에 맞는 칭찬, 조언 포인트를 찾는 것이 중요하다.

자녀를 춤추게 하는 EARS[24] 칭찬법

아이의 강점을 극대화시킬 수 있는 칭찬 방법이 있다. 다음의 앞 글자를 딴 'EARS 칭찬법'이다. EARS 칭찬법은 빠른 시간에 문제 해결 경험을 쌓게 하는 전문 코칭기법이다. 하지만 이 방법은 다양한 현장에서 구체적인 상황에 대입해서 사용할 수 있다. 따라서 이것은 비단 자녀 교육에서 뿐만 아니라, 다양하게 쓰일 수 있다. 예를 들면, 일반적으로 자신의 문제 앞에서 기대하는 어떤 변화를 이끌어내기 힘들 때 사용이 가능하다. 나는 이것을 사춘기 부모님들께서 칭찬법으로 활용하시길 강력하게 권하고 싶다.

Elicit	이끌어내기	긍정적인 변화를 묻는다.
Amplify	확대하기	긍정적인 변화의 구체적인 내용을 묻는다.
Reinforce	강화하기	상대방의 긍정적인 변화를 반드시 알아차리고 높이 평가한다.
Start Again	다시 시작하기	처음으로 돌아가 상대방이 해낸 변화에 초점을 맞춘다.

김인수, Peter Szabo, 《해결중심 단기코칭》, p. 236

 **EARS 칭찬법**

다음은 3월 개학을 앞둔 겨울 방학에 흐트러진 생활 패턴을 바로잡으려는 중학교 2학년 현수에게 적용해 본 EARS이다.

이끌어내기(Elicit): 긍정적인 변화를 묻는다.

교사 현수야, 지난 주 어떻게 지냈니?

현수 별일 없었는데요.

교사 그럼 지난 주중 가장 기억에 남는 날은 언제야?

현수 목요일에 아침 10시에 일어났어요. 그 전까지는 게임하다 늦게 잠들어서 오후 1시쯤 일어났거든요.

교사 와우! 그랬구나. 정말 잘했다. 선생님은 현수의 작은 변화가 정말 감사해. 목요일에는 어떻게 일찍 일어날 수 있었니?

현수 늘 알람을 들으면 꺼버리고 또 잤는데요. 선생님과 한 약속이 떠올라서 잠을 참고 일어났어요. 생각보다 할 만하더라고요.

확대하기(Amplify): 긍정적인 변화의 구체적인 내용을 묻는다.

> **교사**   현수, 정말 대단하구나. 아침 잠을 참는 게 정말 쉬운 일이 아
> 닌데, 현수도 마음만 먹으면 일찍 일어날 수 있는 아이였구나.
>
> **현수**   그러게요. 저도 신기했어요. 그동안은 알람을 한 번만 설정
> 해서 잘 안 들렸는데 이번에는 알람을 5분 단위로 여러 개를
> 설정해봤거든요. 그러니까 일어나게 되더라구요.
>
> **교사**   우와~ 아이디어 진짜 멋지다!!!! 이 대박 사건을 누가 또 알고
> 있니?
>
> **현수**   엄마는 알고 있으세요. 제가 일어나서 엄마께 전화드렸거든요.
>
> **교사**   와! 현수의 변화로 어머님도 기쁘셨겠다.

확대하기의 포인트는 작은 변화일지라도 구체적으로 그 내용을 확인하는
것이다. 이때 아이의 생활이나 생각을 궁금해하며 묻는 모습이 중요하다.
형식적으로 묻거나 캐묻듯 질문하는 것은 좋지 않다. 그리고 아이의 사소
한 시도에도 인정과 칭찬을 아끼지 않는 것이 중요하다. 인정과 칭찬은 대
화 과정 내내 자주 사용해도 좋다. 다만 형식이 아닌 진심이 담겨있어야
한다.

강화하기(Reinforce): 상대방의 긍정적인 변화를 반드시 알아차리고 높이
평가한다. 강화하기 단계에서는 상대를 대하는 자세가 매우 중요하다. 칭
찬을 할 때 중요한 것은 칭찬을 하는 사람의 표정, 몸짓, 손짓, 눈짓, 몸의
기울어진 정도, 몸의 자세, 시선 등의 비언어적인 모든 요소를 상대방에게
표현하는 것이다. 그래서 상대방이 칭찬받는 에너지를 충분히 느낄 수 있

도록 하는 것이 중요하다. 서로 눈을 보고 대화하고는 있지만 비언어적인 요소는 온몸으로 느낄 수 있기 때문이다.

교사	(몸을 현수에게 기울이며, 표정은 놀라면서 대견하고, 기특하고, 사랑스런 마음이 느껴지도록, 몸짓과 손짓은 박수를 치며, 시선은 온전히 현수를 향하고, 눈짓은 따뜻한 마음의 시선으로) 현수야!!!! 선생님은 정말 현수가 자랑스러워!! 아침에 일어나는 것을 그렇게 힘들어 했었는데 이제는 혼자 힘으로 기상 시간을 지켰구나!! 이제는 하루 시간 관리도 가능하겠는 걸? 우와~ 앞으로가 기대된다!!!!
현수	저도 선생님 말씀 들으니까 조금 더 의욕이 생겨요.

다시 시작하기(Start Again): 처음으로 돌아가 상대방이 해낸 변화에 초점을 맞춘다.

교사	10시에 일어난 특별한 목요일에는 어떻게 하루를 보냈니?
현수	계획표를 보고 오전에 영어 숙제를 했어요. 오후에는 친구를 만나 게임을 했고요. 저녁에는 계획표대로 수학 숙제를 했어요.
교사	그냥 저녁까지 놀 수도 있었는데 그렇게 안했구나. 이전에 비하면 어떻게 달라졌어?

현수   다른 날은 1시쯤 일어나서 컵라면 먹고 엄마 퇴근하실 때까지 거실에서 게임했죠. 그러다가 엄마 오시면 저녁 먹고 핸드폰하다가 자는 게 일상이었어요.

교사   이렇게 시간을 보내고 나니까 하루가 어떻게 달라졌어?

현수   우선은 할 일을 플래너에 적어두길 잘했다는 생각이 들었어요. 안 그랬으면 아무것도 안 하고 또 자거나 핸드폰 보다가 하루가 지나갔을 거예요. 계획대로 하루를 보내는 게 기분이 좋았어요.

교사   그럼 이번 주에는 일주일에 두 번 '기상 미션'을 해볼 수 있겠니?

현수   네, 해볼게요. 한 번 해보니까 할 수 있을 것 같거든요.

교사   그래, 그럼 이번 주 플래너에는 어떤 일을 적어볼까?

위의 대화는 현수와 나눈 실제 대화이다. 현수에게 찾아온 작은 변화는 사소한 '기상 시간 지키기'에서 시작되었다. 변화라고 보기엔 아주 작은 부분이었지만 그것을 출발점으로 아이의 하루가 달라지는 새로운 모습을 이끌어냈다. 아이의 작은 변화를 발견하고, 적절한 칭찬을 아끼지 않았다는 점이 주목할 만하다. 그렇게 하루 이틀 시작한 현수의 '기상 미션'은 이후 꾸준히 지속되었고 그 다음 주부터는 기상 시간을 한 시간씩 앞당긴 9시로 정했다. 그리고 현수는 중학교 3학년 개학을 앞둔 겨울방학, 스스로 할 일을 잘 실천하는 모습으로 발전했다. 현수는 스스로 작은 성공의 경험을 만들어가며 발전했다.

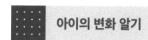
아이의 변화 알기

아이의 긍정적인 변화를 이끌어내기 위해서는 가장 먼저 아이에게 관심을 갖는 것이 필수적이다. 우리 아이가 지난 주보다 이번 주 더 나아진 점, 어제보다 오늘 더 나아진 점은 무엇일까? 10개 이상 쓸 수 있다면 아이 관찰에 성공했다고 할 수 있다.

현수에게 결과 위주의 칭찬을 했다면 어땠을까? 아마 현수와의 대화는 '너는 왜 이 시간까지 자고 있니?'와 같은 핀잔과 비난으로 굳어졌을 것이다. 그럴수록 현수의 변화는 기대하기 어려워졌을 것이다. 오히려 현수는 계획한 것을 실패라고 여기고 부정적인 경험만 축적했을 것이다. 이런 자세는 '역시 나는 게을러', '난 계획대로 실천이 안 되는 아이야'라고 하면서 스스로 자존감을 무너뜨려 버렸을지도 모른다.

부모의 한 마디가 아이를 스스로 고민하게하고 발전하게 한다. 이 작은 변화는 결국 큰 변화를 만들게 될 것이다. 과정을 함께 공유하고 과정 속에서 응원하고 칭찬하는 것은 현명한 부모의 기본이다. 결과를 떠나 자신의 모습을 변화시키려는 도전을 꾸준히 시도한 아이의 경험이 스스로를 자존감 높은 단단한 사람으로 만들어줄 것이다.

마치며

현명한 부모는
아이와 함께 변화하고 성장한다

부모는 항상 아이에 대해 고민한다. '아이는 빨리 크고 엄마는 더디게 자란다'[25]는 말도 있다. 특히 사춘기 아이를 둔 부모는 더욱 그렇다. 오늘을 미리 살아본 사람은 없다. 부모는 오늘도 부모로서 처음인 오늘을 살고 있다. 당연히 엄마도, 아빠도 서툴 수밖에 없다. 하지만 이만큼 아이를 키워낸 것만으로도 칭찬 받아 마땅하다고 말하고 싶다. 아이가 존재로서 사랑받기 충분하듯 부모도 그 존재 자체만으로 인정받기에 충분하다. 아이의 성장 속도가 눈에 띄게 빨라지는 사춘기, 불안해하지 말고 더욱 현명해지기를 바라는 마음이다.

자기만의 메타라이프

우리의 삶은 변화를 빼놓고 말할 수 없다. 세상을 바꾸는 강한 힘은 자기 자신을 변화하는 데서 온다. 박사 과정을 공부하면서 '메타인지'를 전공하기로 한 이유다. 우리가 살아가면서 만나는 많은 변화가 메타인지와 긴밀하게 연관되기 때문이다. 메타인지는 흔히 '메타인지 학습법', '메타인지 공부법'으로 잘 알려져 있다. 그래서인지 메타인지 하면 대부분 학생에게 필요한 것이라고 오해한다. 하지만 이 책을 다 읽은 사람이라면 내가 무엇을 알고 있고, 무엇을 모르는지 볼 줄 아는 메타인지가 단지 학습법에만 필요한 게 아니라는 사실을 깨달았을 것이다. 결국 메타인지는 인생을 살아가는 열쇠이기 때문이다. 스스로 묻고 대답하며 앞으로 나아가는 메타인지는 장기적인 하나의 라이프 플랜과 같다.

현명한 부모는 아이의 성적이 아니라 아이의 인생을 본다. 아이가 스스로 잘 살아가도록 돕기 위해, 그래서 언젠가 부모의 품을 떠나도 스스로 자기의 삶을 멋지게 살아내기 바라며 아이를 키운다. 이제 막 사춘기를 보내는 아이들을 보면 저래서 언제 한 사람 몫을 해낼까 싶을 때도 있지만, 우리는 모두 그 시절을 겪고 여기까지 왔다.

현명한 부모는 피드백이 다르다. 대화, 자기주도학습, 자존감. 결국 이 세 가지는 삶을 살아가는 가장 중요한 도구다. 물론 이 세 가지만 가지고 모든 문제를 다 해결하고 살면 좋겠지만, 때로는 빨리 포기할 줄도 알아야 한다. 특히 아이를 키우는 문제에 있어서는 더욱 그렇다. 나와 아이에게 맞지 않는 과도한 욕심, 다른 사람과의 비교, 아이가 아니라 사실 나 자신이 원했던 욕망은 빨리 포기하는 게 현명하다.

한치 앞도 예상할 수 없는 요즘을 살아가는 아이들과, 사춘기의 아이를 둔 부모들에게 응원을 가득 담아 이 책을 드린다.

출처

1 조세핀 김, 김경일, 《0.1%의 비밀》, EBS한국교육방송공사, 2020
2 최영임, 《영어공부, 성격대로 해라》, 나노미디어, 2016
3 탁진국, 《코칭심리학》, 학지사, 2019
4 교육부, <중학교 자유학기제 확대·발전 계획>, 2017
5 김경일, 《십대를 위한 공부사전》, 다림, 2018
6 박창호, <영리하게 공부하고 싶다면?>, 한국심리상담사협회, 2016, "http://www.kapca.or.kr/base/customer/customer09.php?com_board_basic=read_form&com_board_idx=136"
7 김태균, 《정답과 오답 사이》, 텍스트CUBE, 2021
8 김태균, 《정답과 오답 사이》, 텍스트CUBE, 2021
9 김경일, 《십 대를 위한 공부 사전》, 다림, 2018
10 문주호 수석교사, <단기기억을 장기기억으로 바꾸는 암기법 [공부가 되는 공부법]>, 에듀진 인터넷 교육신문, 2022년 3월 3일, "http://www.edujin.co.kr/news/articleView.html?idxno=38211"
11 정미경, 문은식 외 2명, 《진로탐색과 취업전략》, 공동체, 2016
12 미하이 칙센트미하이, 《몰입의 즐거움》, 해냄출판사, 2021
13 김은정, 《코칭의 심리학》, 학지사, 2016
14 이석재 외 3명, <생애능력 측정도구 개발 연구: 의사소통능력, 문제 해결능력, 자기주도적 학습능력을 중심으로>, 서울: 한국교육 개발연구원, 2003
15 예스퍼 율, 《내 아이의 10년 후를 생각한다면》, 생각지도, 2016
16 한순미 외 4명, 《창의성 : 사람·환경·전략 = Creativity》, 학지사, 2005
17 황원섭, 유성모, <고등학생의 창의적 가정환경, 부모-자녀 간 의사소통, 성취목표동기, 자기결정성동기 및 자기효능감이 창의적 인성에 미치는 영향>, 국제뇌교육종합대학원 뇌교육연구소, 2014
18 김경일, 《십대를 위한 공부사전》, 다림, 2018
19 김윤정, 《EBS 당신의 문해력》, EBS한국교육방송공사, 2021
20 김경일, 《십대를 위한 공부사전》, 다림, 2018
21 조미영, <간호학생의 메타인지, 학습유형, 내외통제성 및 자존감>, 한국자료분석학회, 2015

22 김지영,《다섯 가지 미래 교육 코드》, 소울하우스, 2017

23 갤럽 프레스,《위대한 나의 발견 강점혁명》, 청림출판, 2021

24 김인수, Peter Szabo,《해결중심 단기코칭》, 시그마프레스, 2011

25 김주연,《엄마도 처음이라서 그래》, 글담출판, 2016

현명한 부모는 피드백이 다르다

1판 1쇄 발행 | 2023년 3월 22일

지 은 이 | 김태균

펴 낸 이 | 김무영
편집 팀장 | 황혜민
편   집 | 이슬기
디 자 인 | 파이브에잇
독자편집 | 김선희, 박상은, 엄정현, 이현주, 정다운
펴 낸 곳 | 텍스트CUBE
출판등록 | 2019년 9월 30일 제2019-000116호
주   소 | 03190 서울시 종로구 종로80-2 삼양빌딩 311호
전자우편 | textcubebooks@naver.com
전   화 | 02 739-6638
팩   스 | 02 739-6639

ISBN 979-11-91811-18-6 (03370)